陈郁 著

嘉树堂读书续记

文物出版社

图书在版编目（CIP）数据

嘉树堂读书续记 / 陈郁著. —— 北京 ：文物出版社，
2023.5

ISBN 978-7-5010-8032-8

Ⅰ．①嘉… Ⅱ．①陈… Ⅲ．①金石学－中国－文集
Ⅳ．①K877.24-53

中国国家版本馆CIP数据核字(2023)第070933号

嘉树堂读书续记

著　　者：陈　郁

选题策划：张　玮

责任编辑：陈博洋

责任印制：王　芳

出版发行：文物出版社

社　　址：北京市东城区东直门内北小街2号楼

邮　　编：100007

网　　址：http://www.wenwu.com

经　　销：新华书店

制版印刷：天津图文方嘉印刷有限公司

开　　本：787mm×1092mm　1/32

印　　张：5

版　　次：2023年5月第1版

印　　次：2023年5月第1次印刷

书　　号：ISBN 978-7-5010-8032-8

定　　价：60.00元

目 录

前言

　　傅斯年当年曾劝诫考古工作者，西方科学的考古方法传进中国后，人们开始用新观念来思考中国历史，既有科学的怀疑，也不免矫枉过正。为构造出能够反映进而分析历史真实的框架，就必须寻找考古学意义上的证据。于是他在李白《长恨歌》"上穷碧落下黄泉"后，加改了一句"动手动脚找东西"。如今，"动手动脚找东西"不单单成为考古工作的名言，也已具备了更加广泛的含义，尤其特指读书考证者检索文献，从书本上找材料。开篇提起傅斯年的这句名言，或许因为近些年来我喜欢埋头于考证的缘故。

　　关于读书，李渔《闲情偶寄》曰："读书，最乐之事，而懒人常以为苦。清闲，最乐之事，而有人病其寂寞。就乐去苦，避寂寞而享安闲，莫若与高士盘桓、文人讲论，何也？'与君一夕话，胜读十年书'，既受一夕之乐，又省十年之苦，便宜不亦多乎？'因过竹院逢僧话，又得浮生半日闲'，既得半日之闲，又免多时之寂，快乐可胜道乎？"我深切感受到李渔这段话的蕴意，用现在时髦的话来说，读书过程中会时时有"小确幸"，网络上对"小确幸"较为经典的解释是："心中隐约期待的小事刚刚好发生在自己身上的那种微小而确实存在的幸福与满足。"

读书，幸福与满足是一方面，而将之作为人生旅程则是另一方面，即读书等同于行路，是一个漫长的、求索的过程。西谚有言，人的一生不是身体在路上（旅游），就是心在路上（读书）。这和中国古人将读书等同于行路，大致类同。钱泳《履园丛话》曰："语有云'读万卷书，行万里路'，二者不可偏废，然二者亦不能兼。"此言对极，人们年岁大了以后，一般不愿远途跋涉了，如果有兴致，只能在本本上"动手动脚找东西"了。至于读画，尤其是山水画，则叫"卧游"，颇为形象。

从本书中很容易发现，我至少会从如下几个地方"找东西"写文章。一日记，如《碑版最究心：谭献日记中的魏稼孙》《从日记看翁同龢对碑帖的考据》二文，尤其是后一文关心的是鉴别碑版所使用的考据点，并以历史发展的眼光来看待这个问题，即考据点会有个发展变化的过程。

二方志，如《汉中地方志中的摩崖石刻》一文，力求为摩崖石刻的传拓和考据，从方志中"找东西"，描绘出一幅背景图画，有点历史的意味。三金石学稿钞本，这是近些年来我比较喜欢翻阅的一类书，为此入手了上海书画出版社、社会科学文献出版社等出版的相关大型丛书，计一百多册。而本书中《王仁俊〈金石三编〉中的"匋斋藏石记"》一文，尽管纯粹是对金石文献的梳理，但也时刻关心着碑版的鉴别问题，特别提到了《爨宝子碑》，希望为碑版的研讨增益。

本书中更多的是读书过程中随笔性的、感想性的文章，有的带有些许学术探讨性质。如《民国间安国宋拓本的出现及对其的怀疑》一文，涉及民国碑帖作伪一大"要案"，即宋拓石鼓文及泰山刻石的真伪问题，同时附带性地再次点出上海秦氏艺苑真赏社影印碑帖中存在"动手脚"问题。关于安国旧藏宋拓石鼓文真伪问题，马成名先生已有文章予以揭露，所论基本得到业界的认同，而拙文希冀为之提供一个可供参考的历史文献类的叙述，可谓一个长篇脚注。

与之类似的是《杨量买山地记真伪之辨》一文，差不多在写此文的同时，我写有《杨量买山地记善拓经眼记》（载

《书法丛刊》2022年第3期），通过若干件该摩崖石刻拓本的比较以及先贤墨笔题跋所示信息，对学界流行的说法作一商榷，而收入本书的这篇小文亦可视作一个长篇脚注，是一种综述。

与以前小册子不同的是，本书集入几篇有关书画的文章，虽然广义地看，一切文字及图像都是文献资料，这样做无非是因为书画除了有欣赏价值和功能之外，更重要的是，也是可以用来读的，周亮工收藏书画的名著就叫《读画录》，并影响至今。甚至如同清初史学家张瑶星在给周亮工《读画录》写序时说到："画之兴也，其与书契并始乎。"无论读画也好，读碑也好，最终要读书。书中四篇文章（《金琮向沈周求画》《邹之麟送芋头》《新得阎尔梅手书七律三首》《何绍基楷书〈进学解〉》）读的是书法，发微出一些东西，也算是一种微观文献的观察及考证。

由于我写这类文章最初起因于相关的收藏实践，在《玩物立志：读〈启功丛稿〉》一文中，我引用了启功先生关于王世襄先生很长的一段话作为结语，在此不妨如法炮制，共勉之：

"旧时社会上的'世家'中，无论为官的、有钱的、读书的，有所玩好，都讲'雅玩'。'雅'字不仅是艺术的观念，也是摆出身份的标准。'玩'字只表示是居高临下的欣赏，不表示研究。其实不研究的欣赏，没有不是'假行家'。而'假行家'又'上大瘾'的，就没有不丧志的。怎样丧志，不外乎巧取豪夺，自欺欺人，从丧志沦为丧德。而王世襄先生的'玩物'，不是'玩物'而是'研物'；他不但不曾'丧志'而是'立志'。他向古今典籍、前辈耆献、民间艺师取得的和自己几十年辛苦实践相印证，写出了这些部已出版、未出版、将出版的书。可以断言，这一本本、一页页、一行行、一字字，无一不是中华民族文化的注脚。"（启功《玩物而不丧志》，见《启功丛稿·题跋卷》，中华书局 2022 年，第 74 页）

（2023 年春）

先秦典籍中的"金石"

现代意义的"金石"一词，泛指金石器物，亦特指金石文字，"金石学"即研究金石文字的学问。此用语及其所称谓，始于秦朝。

马衡《凡将斋金石丛稿》（中华书局1977年，第1、2页）：

> 商周之时，所谓金石者，皆指乐器而言，非今之所谓金石也。其所以金与石并举，而略同于今之定义者，盖自秦始。《史记·秦始皇本纪》所载群臣奏议及始皇、二世诏书，多曰金石刻，或曰金石刻辞。其意盖欲以文辞托之不朽之物质，以永其寿命，故合称金与石而称之曰金石刻或金石刻辞。后世称此类刻辞，谓之金石文字，或竟简称为金石。

的确，先秦无"金石刻"或"金石刻辞"的说法，而有"金石"一词，其指乐器。

《国语·楚语上》有金石匏竹诸乐器之说（《国语集解》，中华书局2019年，第522、523页）：

> 灵王为章华之台，与伍举升焉，曰："台美夫！"对曰："臣闻国君服宠以为美，安民以为乐，听德以为聪，致远以为明，不闻其以土木之崇高彤镂为美，而以金石匏竹之昌大嚣庶为乐。不闻其以观大、视侈、淫色以为明，而以察清浊为聪。"韦昭注："金，钟也。石，磬也。匏，笙也。竹，箫管也。"

《左传》有金石之乐之说。襄公十一年（中华书局2012年，第1168、1169页）：

> 郑人赂晋侯以师悝、师触、师蠲，广车、軘车淳十五乘，甲兵备，凡兵车百乘，歌钟二肆，及其鏄磬，女乐二八。晋侯以乐之半赐魏绛，曰："子教寡人和诸戎狄以正诸华。八年之中，九合诸侯，如乐之和，无所不谐。请与子乐之。"辞曰："夫和戎狄，国之福也。八年之中，九合诸侯，诸侯无慝，君之灵也，二三子之劳也，臣何力之有焉？抑臣愿君安其乐而思其终也。《诗》曰：'乐只君子，殿天子之邦。乐只君子，福禄

2

攸同。便蕃左右，亦是帅从。'夫乐以安德，义以处之，礼以行之，信以守之，仁以厉之，而后可以殿邦国、同福禄、来远人，所谓乐也。《书》曰：'居安思危。'思则有备，有备无患。敢以此规。"公曰："子之教，敢不承命。抑微子，寡人无以待戎，不能济河。夫赏，国之典也，藏在盟府，不可废也。子其受之！"魏绛于是乎始有金石之乐，礼也。

《礼记》《荀子》，则径直将金石与丝竹并列为乐器。《礼记·乐记》（中华书局2017年，第723、724、736、737页）：

乐者，天地之和也；礼者，天地之序也。和，故百物皆化；序，故群物皆别。乐由天作，礼以地制。过制则乱，过作则暴。明于天地，然后能兴礼乐也。论伦无患，乐之情也；欣喜欢爱，乐之官也。中正无邪，礼之质也；庄敬恭顺，礼之制也。若夫礼乐之施于金石，越于声音，用于宗庙社稷，事乎山川鬼神，则此所与民同也。

德者，性之端也；乐者，德之华也。金石丝竹，乐之器也。诗，言其志也；歌，咏其声也；舞，动其容也。三者本于心，然后乐气从之。是故情深而文明，气盛而化神，和顺积中而英华发外，唯乐不可以为伪。

《荀子·乐论》（中华书局 2015 年，第 327 页）：

　　　君子以钟鼓道志，以琴瑟乐心，动以干戚，饰以羽旄，从以磬管。故其清明象天，其广大象地，其俯仰周旋有似于四时。故乐行而志清，礼修而行成，耳目聪明，血气和平，移风易俗，天下皆宁，美善相乐。故曰：乐者，乐也。君子乐得其道，小人乐得其欲，以道制欲，则乐而不乱；以欲忘道，则惑而不乐。故乐者，所以道乐也。金石丝竹，所以道德也。乐行而民乡方矣。

　　《晏子春秋》有金石之声之说。《内篇谏上第一》之"景公欲废适子阳生而立荼"一节，晏子曰："长少行其道，宗孽得其伦，夫阳生敢毋使荼餍粱肉之味、玩金石之声而又患乎。"（中华书局 2011 年，第 35 页）当代学者将"金石之声"引申为"美妙的音乐"。

　　《尸子》有最早对"精诚所至，金石为开"类似的表述："钟鼓之声，怒而击之则武，忧而击之则悲，喜而击之则乐。其意变，其声亦变。意诚感之，达于金石，而况于人乎。"（《太平御览》第五百七十五卷）（《黄帝四经 关尹子 尸子》，中华书局 2020 年，第 576 页）这里，金石是发出声音的器物，还是乐器。显然，王充《论衡·感虚篇》之"精诚所至，金石为开"，其"开"不能简单地解释为"裂开""张开"，而应理解为作为乐器的金石能表达人的精神和情感。或许，"意诚感之，达于金石"更少歧义。

《庄子·让王》（中华书局2015年，第494页）：

> 曾子居卫，缊袍无表，颜色肿哙，手足胼胝。三日不举火，十年不制衣，正冠而缨绝，捉衿而肘见，纳屦而踵决。曳縰而歌《商颂》，声满天地，若出金石。天子不得臣，诸侯不得友。故养志者忘形，养形者忘利，致道者忘心矣。

这里，金石依然是发出声音的器物。

由于作为礼器的金石乐器，较为珍贵，后来"金石"一词也可引申为贵重的东西。《荀子·非相》（中华书局2015年，第62页）：

> 凡言不合先王，不顺礼义，谓之奸言，虽辩，君子不听。法先王，顺礼义，党学者，然而不好言，不乐言，则必非诚士也。故君子之于言也，志好之，行安之，乐言之，故君子必辩。凡人莫不好言其所善，而君子为甚。故赠人以言，重于金石珠玉；观人以言，美于黼黻文章；听人以言，乐于钟鼓琴瑟。故君子之于言无厌，鄙夫反是，好其实，不恤其文，是以终身不免埤污佣俗。故《易》曰："括囊，无咎无誉。"腐儒之谓也。

"赠人以言，重于金石珠玉"一句，楼宇烈注："这句意思是：以好话赠人，比赠人金石、珠玉更有价值。"（《荀子新注》，中华书局 2018 年，第 74 页）

基于金与石之本义，"金石"一词也比喻为坚固的东西。《荀子·劝学》（中华书局 2015 年，第 5 页）：

> 不积跬步，无以至千里；不积小流，无以成江海。骐骥一跃，不能十步；驽马十驾，功在不舍。锲而舍之，朽木不折；锲而不舍，金石可镂。

《荀子·大略》（同上，第 462 页）：

> 《国风》之好色也，传曰："盈其欲而不愆其止，其诚可比于金石，其声可内于宗庙。"《小雅》不以于污上，自引而居下，疾今之政，以思往者，其言有文焉，其声有哀焉。

杨倞注："'比于金石'言不变也。"（《荀子》，上海古籍出版社 2014 年，第 344 页）楼宇烈注："金石，形容像金石一样坚固。"（《荀子新注》，中华书局 2018 年，第 564 页）

（2021 年 8 月 22 日）

最早的墓志

两年前，笔者于西泠拍场见东汉马姜墓志一纸（图1），整纸淡墨椎拓，"惟永平"三字已泐，"胶东侯"三字另拓一小纸黏于其上。附前人录罗振玉《汉贾夫人马姜墓石记跋》四叶，于宝华斋红格稿纸，有曰：

此石近出洛阳，文十五行，行字多寡不等。其文曰：惟永平（以上三字出土时有之，起石时已损）七年七月廿一日，汉左将军特进胶东侯（此二字起石时亦损）第五子贾武仲卒，时年廿九。夫人马姜，伏波将军新息忠成侯之女，明德皇后之姊也。生四女。年廿三而贾君卒。夫人深守高节，劬劳历载，育成幼嫒，光□祖先。遂升二女为显节园贵人，其次适賏侯朱氏，其次适阳泉侯刘氏。朱紫缤纷，宠禄盈门，皆犹夫人。夫人以母仪之德，为宗族之覆，春秋七十三，延平元年七月四日薨。皇上闵悼，两宫赗赠，赐秘器，以礼殡。以九月十日葬于芒门旧茔。□□子孙，惧不能章明，故刻石纪（下阙数字）……

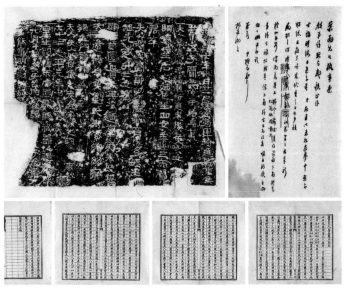

图1

此罗振玉跋文见于氏著《辽居稿》，结语"汉人墓记前人所未见，此为墓志之滥觞。石质颇粗，磨砻未平，即刻字其上，远不逮后世之精好。知当时外戚蒙马后恭俭之化，风气至朴略矣"云云。

又附罗振玉致方若书札一，告知续得"胶东侯"三残字之事，并补拓呈赠：

> 药雨先生执事：违教年余，思与岁积，比维古福时绥，日进无量。弟数日以来，如在梦中，都无好怀，且疲于谋粱，伏案之日甚少，致属题之件淹滞至今，愧歉无似，兹草草书奉，祈检入为荷。汉马姜墓石归寒斋后，续得前面下角"胶东侯"残字，补拓附奉，惜上角残字不可得矣。明日仍须出游，匆匆沪申，即颂著安。弟振玉再拜。拓本谢谢。

据罗振玉《石交录》卷一（《罗振玉学术论著集》第三集，上海古籍出版社 2010 年，第 191 页），此志石及脱落之残石由陈承修（淮生）代为购得：

> 叶氏《语石》言世传墓志始于颜延年，晋以前无有也。然洛中近年出汉新息侯马援女胶东侯贾武仲妻马姜志石，立于东汉延平元年，凡十五行，记事甚详。虽无墓志之名，实墓志也。其制为方石，重数百斤，亦不类六朝以后之墓志为薄石而加以盖。此实墓志传世之祖。石出土后，首行之首损"惟永平"三字，末损"胶东侯"三字。石高建初尺二尺，广二尺五寸。文十五行，行自十三字至十九字不等。出土后，予即以重值得之。亡友

9

陈淮生学部复为予购得首行脱下"胶东侯"三字残石及在圹中时"惟永平"三字未损时拓本，于是全文乃可读。

马子云沿袭此说，见氏著《石刻见闻录》（马子云、施安昌《碑帖鉴定》，广西师范大学出版社 1993 年，第30、31 页）：

> 初出土之拓本较少，首行"惟永平"之"永平"二字未损，下"胶东侯"三字有痕而未断。以后陈淮生为罗振玉代购，运时不慎，将首行"永平"二字损坏，无法复原。下"胶东侯"已断，尚可黏合。故陈、罗二氏之拓本是"永平"二字已损，"胶东侯"三字黏合本。

据郭玉堂《洛阳出土石刻时地记》（大象出版社2005年，第3页）：

> 汉左将军特进胶东侯第五子贾仲武及夫人马姜墓记。延平元年九月十日。民国十八年（1929）阴历六月，洛阳、孟津、偃师三县接壤处王窑村出土，有冢。质为红沙石，甚大，形似黄肠石，字刻石端，工人剖取刻字一端，而弃其余。

此志石民国十八年（1929）阴历六月出土，故罗振玉购藏并复得残石及拓赠方若诸事，谅在此后不久。自此，马姜墓志被认为是最早的墓志，时东汉延平元年（106）。就现存墨本而言，赵万里《汉魏南北朝墓志集释》（科学出版社1956年）和赵超《汉魏南北朝墓志汇编修订本》（中华书局2021年），均以马姜墓志开篇。不过，若就历史文献而言，东汉墓志更有早者，是为马姜丈夫贾武仲之父胶东侯贾复墓志，见葛逻禄乃贤（一作郭罗洛纳新）《河朔访古记》卷上《常山郡部》：

> 真定县南十里古常山城下冶河之滨，荒冢隐然，是为汉胶东侯贾复之墓，昔浚冶河，发古冢，得骸骨异常，身擐铁甲，一戟在旁，寻复得其墓志，始知为贾复之墓也。太守马公，敛以衣衾，更瘗之，时燕南掾孙茂先见其事，后三十年告于郡知事王德祯，因砻石，请监察御史杨君俊民为文，刻诸石，名曰怀贤之碑，以表其墓。其略曰：侯南阳人，光武拜执金吾、冠军侯。建武间，封胶东侯，食六县。后罢将军，以列侯就第，卒谥刚正（案《后汉书》作刚，无正字）。侯尝破五校于真定，创甚，光武念之，约为婚姻。卒后，哀其成绩，诏葬于此，或史所逸也。又述宋洪适之言，辨论埋铭之原，以为自汉明帝时都尉路君墓阙始，至为详博。王君字佑之，保定人，好古笃实君子，以余为忘年友也。杨君字士杰，郡人，举进士，扬历馆阁，今为国子司业，亦余之故人也。

据《后汉书·贾复传》，贾复卒于建武三十一年（55），即其墓志作铭时间。先后发现贾复及马姜二志，也许并非偶然，胶东侯贾氏一门或有葬铭之习惯。

对于墓志的产生，金石学家另外还有一说，认为早在西汉就出现墓志这种形式了。见王昶《金石萃编》卷四十七，其按司马元兴墓志时，上溯墓志历史至西汉，曰其时"实志铭之始"：

> 《西京杂记》称，前汉杜子春临终作文刻石，埋于墓前。《博物志》载，西京时南宫寝殿有醇儒王史威长葬铭。此实志铭之始，今皆不传。王史威长之铭，止八句三十二字，则亦如赵岐刻石，仅识时代姓名之类。东汉碑额皆书某君之碑，惟曲阜孔君碑，出于墓中，额止孔君之墓四字，其即如后世之墓志欤？然叙事文颇简质，与他汉碑无异。盖志石高不过二三尺，横亦如之，圹中为地甚隘，所容止此。故其为文不过略叙生平梗概，使有陵谷变迁之日，后人可以识其墓处，觇其行谊而已。若文繁，即不能大书深刻，刻之亦易致磨泐，固与神道碑、墓表、墓碣举事直书，畅所欲言者，其例各殊矣。

文中，"杜子春"为"杜子夏"之误，"埋于墓前"为"埋于墓侧"之误。检阅原文，葛洪《西京杂记》卷三：

杜子夏葬长安北四里，临终作文曰："魏郡杜邺，立志忠欵。犬马未陈，奄先草露。骨肉归于后土，气魄无所不之。何必故丘，然后即化。封于长安北郭，此焉宴息。"及死，命刊石，埋于墓侧。墓前种松柏树五株，至今茂盛。

又，张华《博物志》卷七：

汉西都时，南宫寝殿内有醇儒王史威长死，葬铭曰："明明哲士，知存知亡。崇陇原亹，非宁非康。不封不树，作灵乘光。厥铭何依，王史威长。"

王昶志铭始于西汉之说得到叶昌炽的认同，氏著《语石》卷四有"王氏《萃编》曰：《西京杂记》称前汉杜子春临终作文刻石，埋于墓前。《博物志》载西京时，南宫寝殿有醇儒王史威长葬铭。此实志铭之始，今皆不传"云云。

当然，关于墓志间存之最早之说，还有早至嬴秦、晚至魏晋诸说，笔者以为皆非妥当，而两汉间墓志滥觞之说或可取。

（2022 年 3 月 13 日）

杨量买山地记真伪之辨

杨量买山地记这块汉摩崖残石一直存在真伪之争议。拙文《杨量买山地记善拓经眼记》（《书法丛刊》2022年第3期）经过列举善本旧拓，结尾写道：

> 关于原石之真赝，历来金石学家有争议，如赵之谦、叶昌炽以为伪，何绍基、洪颐煊、谭献以为真。判定浓墨拓本亦真，或许有助于我们对流传于世拓本的认识，也或许有助于对原石本身真赝的认识。简言之，浓墨拓本由于椎拓粗糙草率，易使人们将文字视为伪作，从而将原石视为后人伪托。而认识到传世拓本具有浓淡两种面目，均真，是不是能打消将原石视为后人伪造这种想法呢？

拙文持原石为真之论，并以为拓本非如常人所谓存世极稀，甚至极而言之认为仅有三四本而已，相反现今所见浓墨、淡墨两种拓本可能皆真。基于任何现实问题，即鉴定问题，都是学术史问题，笔者于此拟就史上金石家有关真伪之辨，对该问题作一文献资料补充，以臻完备。

经检，对该石疑伪者并有文献佐证者，首推赵之谦，后人（如叶昌炽、罗振玉等）之说皆应来源于赵氏。清同治二年（1863），赵之谦完成《二金蝶堂双钩十种》，收入皆为新见汉代石刻，计有群臣上酬刻石、甘泉山刻石、杨量买山记、莱子侯刻石、沙南侯获碑、文叔阳食堂题字、陈德残碑、杨叔恭残碑等。其中，对杨量买山地记之石并未作真伪之辨说：

> 杨量买山记，道光辛卯（1831）春，蜀巴州县筑廨后墙掘土得之，茗溪钱安甫购之，携以归。后归吴玉井、平湖朱建卿善旂。按：是刻翟氏《隶篇》取录作"正月"。今拓本不可得，仅"月"字上有一画一中小竖，疑"十"字。"业"下一字，翟无释，疑是"宗"字。石原作五行。首、三两行六字，余皆五字。

第二年，即同治三年（1864），赵之谦在沈树镛的帮助下，完成《补寰宇访碑录》。该书现存有当年的两个版本，一刻本，一稿本。稿本《补寰宇访碑录》亦对杨量买山地记之石未作真伪之辨说："巴州民杨量买山记。八分书。地节二年□月。石近归平湖吴玉井家。四川巴县。"

而刻本《补寰宇访碑录》卷一则明确指出杨量买山地记原石为伪，由此拉开了真伪争议之帷幕："杨量买山记。八分书。地节二年□月。石近归平湖吴重光家。此伪作。四川巴县。"

此时距离原石彰显于世三十多年。光绪二十七年（1901）叶昌炽完成《语石》，宣统元年（1909）刊刻问世，沿袭了赵之谦的说法，认为杨量买山地记原石为伪，见《语石》卷五："若三巴杨量一刻，则伪托也。"

入民国，对杨量买山地记持怀疑论者之代表为罗振玉。1927年东方学会石印罗著《雪堂所藏金石文字簿录》未径直言其为伪：

> 此石出蜀中，旧藏吴兴姚氏，已久佚矣。此本上有"惠"字印，乃仁和惠秋韶兆壬物，后归亡友盫屋路山夫大令伍。旧有秋韶跋，大令重装时去之，盖不知秋韶为何人也。惠君曾撰《帖考》，予有传写本，亦道咸间治金石之学者。大令工八分书，学力至深，老而不辍，为予在淮安时谈艺老友。予曾为文志其墓。

16

1939 年罗著《石交录》卷一则援引赵之谦《补寰宇访碑录》和叶昌炽《语石》，明确置疑之为伪：

> 新莽地节二年买山刻石，太仓陆氏载之《八琼室金石补正》，谓是巴县出土，后归平湖吴辛仲重光。发逆之乱，石久佚矣。予箧中有旧拓，虽书迹尚近古，而文曰"巴州民扬量"。汉有巴郡无巴州，与史不合，而陆氏未尝致疑，何也？赵氏《访碑录补》、叶氏《语石》均径诋伪。

文中提到陆增祥《八琼室金石补正》，查该书卷二，陆氏所摹文字借录自张德容，而同治间张德容《二铭草堂金石聚》则未载此石，显然以其为伪而舍弃，具体见是书所载张氏《金石聚论略》，涉及诸多汉代石刻的真伪问题，其中包括杨量买山地记：

> 金石贵真，无取伪物，然此惟明眼人自能辨之，非口舌所能争也。从前陈德碑的为褚千峰伪造，而阮文达乃力赞其真，千虑之失，贤者不免。近日新出诸碑，如何□画像、朱博残石、上庸长等，无论前人有无著录，皆确然可信可宝。若廳孝禹、阳嘉残碑之类，则与从前之杨量买地、嘉禾九穗等，皆望而知为伪物者也。阳嘉正面或犹谓有可混珠，碑阴则伪迹尤显然无疑矣。尝谓

岣嵝碑确为杨慎伪造，而数百年来举世为其所蒙，不可解也。凡此之类皆所不录。

由于赵之谦、张德容、叶昌炽和罗振玉均金石学家、碑帖考据家和收藏家，他们的言论对石刻及其拓本的鉴定颇有影响，且这种影响至今仍存在，如杨震方《碑帖叙录》有"赵之谦、叶昌炽目为伪刻"云云。

实际上，罗振玉所谓此石文字曰"巴州民"与史不符之疑问，即汉有巴郡而无巴州，早在原石彰显于世时，即十九世纪三十年代，就出现了，并由此有人疑石为伪，虽然具体何人何氏暂不知晓。对此，洪颐煊、何绍基在当时已有辨驳。一见洪颐煊《平津读碑记三续》卷上《扬量造冢刻石地节元年正月》：

> 右扬量造冢刻石，近时新出于四川巴县。文曰："地节二年正月，巴州民扬量买山，直钱千百，作业冢，子孙永保其多福。"造冢刻石，盖汉时风尚如此。《隶释》有真道冢地碑，《宝刻丛编》云在万州，即汉巴郡地。《汉书·地理志》有巴郡，此称"巴州民"，亦士俗之通称尔。

另见何绍基《东洲草堂金石跋》卷三《跋杨龙石藏地节二年杨氏买山券拓本》：

18

此碑初出，颇有疑其伪者，以班书《地理志》有巴郡无巴州也。岂知州郡古人往往通称。即如《地志》称"武帝南置交址，北置朔方之州"，而交址、朔方固皆郡名也。《雄本传》云："杨氏溯江上，处巴州。"江州为巴郡首邑，此所云"巴州"即江州矣。《雄传》又云："杨季官至庐江太守，元鼎间避仇，复溯江上，处岷山之阳曰'郫'。自季至雄，五世而传一子。"此称"巴州"，杨量似当在未徙郫前，而《纪年书》"地节"则实在徙郫后。巴州者，本其初言之，不称楚巫山者，据近也。龙石老兄家吴中，又何时自蜀徙来乎？闻此石亦已由蜀至浙，石虽寿，能保不迁移哉？"十鼓可载数橐驼"，韩公语且成诗谶，矧此片石耶。君家妙蹟，自杨氏三碑、孟文石门颂、蜀侍中阙外，惟杨绍买冢地莂及此耳，而年世则无先于此者。龙兄每得佳蜡墨，辄不远数千里寄来，近复将旧藏莂拓见贻，何割爱至是也！属题此拓，请教祝金石大寿无竟。

光绪十三年（1887），谭献在评论张德容《二铭草堂金石聚》时，言辞激烈，涉及若干汉代石刻文字的准确判定问题，亦指出该石"非后人所能伪造"，见《谭献日记》卷七：

《金石聚》十六卷，衢州张德容松屏钩刻汉魏六朝拓本。考释文字，亦颇精采。学识中下，未云诣极。证石鼓为古籀，语最确。至娄山刻石定为赵武灵王，文字皆不类战国时，未可信也。近出之麃孝禹表道峻，既书势最古，年地亦合。纪载之体，疑非所疑。即杨瞳买山记亦非后人所能伪造。张君以景君碑笔锋如折刀为精鉴，所模古迹一以平方之势入纸，间入纤侧，古来浑穆道厚之法殆尽，亦可云妄作。人言太守于近世所出如吹角坝、沙南侯诸刻，皆以意增入不可见之字以为欺炫，未免心劳日拙之诮。

　　显然，杨量买山地记彰显于世之初始即存有争议，并延续至今，依笔者之见，当以真为妥。

（2022 年 7 月 26 日）

汉中地方志中的摩崖石刻

　　陕西汉中地区摩崖石刻，主要集中在褒城，代表作为鄐君开通褒斜道记、石门颂、杨淮表纪、李苞潘宗伯韩仲元通阁道记、石门铭等十三种，亦称石门十三品。另一处在略阳，为郙阁颂。

　　历代对于石刻碑阙的记载，除了金石类及舆地类著作之外，地方乘亦有涉及，而且与其发现、传拓密切相关。如明隆庆年间，名臣叶梦熊谪丞陕西合阳，访得曹全碑，收入所修之县志（详见拙文《曹全碑何时始出》，《嘉树堂读书记》，文物出版社 2020 年）。再如邓廷桢之子邓尔恒知云南曲靖时，以修县志，于南城访得爨宝子碑（详见本书《王仁俊〈金石三编〉中的"匋斋藏石记"》一文）。

汉中地区摩崖石刻或亦复如此。其地方志乘现存于世者，为明清两朝所纂修，之前的均已无传。故笔者就从明代地方志乘说起，截止至清嘉道者，此后，基于金石学的复兴，相关各类记载甚夥，毋庸赘言矣。在汉中地方志中，略阳县志只涉及郙阁颂，褒城县志只涉及石门摩崖，而汉中府志则可能皆有涉及。现将有关文字记载依志书刊行时间次序录记介绍于下。

明嘉靖二十七年（1548）李遇春《略阳县志》，有对郙阁颂的记载，卷一《古迹》：

> 郙阁。县西二十里，崖高数十丈，俗名白崖，一名析里。其崖临白水江，凡水溢，上下不通，汉时泰守李翕凿石架木建阁，以济行人，名曰郙阁。今度，崖址犹存，蔡邕作铭记，隶书，镌诸崖壁。宋理宗时太守田克仁，因其昏讹，后刻于灵岩之绝壁，故其文今尚存焉。

卷一《碑碣》：

> 郙阁铭碑，真在岩寺，隶在白崖，蔡邕撰。

旧志往往将郙阁颂误记为蔡邕撰作，实为仇靖撰文、仇绋书丹。下同，不再一一说明。清顺治十三年（1656）冯达道《汉中府志》卷二《建置志·附古迹》，记有摩崖石刻。

其中，襄城县治项下，无任何对石门摩崖的记载。略阳县治下附古迹，记有郙阁颂：

> 郙阁，西二十里，崖高数十丈，俗名白崖。有蔡邕铭记，隶书，镌诸摩崖壁。后太守田克仁复刻于灵岩之绝壁。其文尚存。

康熙三十年（1691）滕天绶《汉南郡志》，即《康熙汉中府志》，其卷二《舆地志·古迹》亦记有郙阁颂：

> 郙阁。西三十里，一名析里，又名白崖。崖高数丈，昔兴元长李翕凿石架木为飞阁，以济行人。汉中郎将蔡邕作铭，隶书，镌壁以记厥功。今阁废，而文传焉。后守田克仁复摹刻于灵岩之绝壁。按铭文，太守汉阳河阳李君，讳翕，字伯都，以建宁三年二月辛巳到官。

卷十《秩官志》沿袭之，记有造郙阁栈道者李翕，旁及郙阁颂：

> 李翕，河阳人，建安中知兴州，造郙阁栈道，以济行人，有蔡中郎郙阁铭，今阁废，铭存。

除郙阁颂之外，此志在"小石门""石门"项下，记有石门摩崖石刻，卷二《舆地志·古迹》：

小石门。《水经注》"褒水又东南历小石门，门穿山通道，六丈有余。刻石言：汉明帝永平中，司隶校尉犍为杨厥之所开。逮桓帝建和二年，汉中太守同郡王升嘉厥开凿之功，琢石颂德"焉。按，《水经注》"褒水出衙岭山，东南径大石门，又东南历小石门"云云。《蜀都赋》"阻以石门。斯之谓也。在汉中之西，褒中之北"。

此段文字悉引自郦道元《水经注》卷二十七《沔水》，原文多有舛误，笔者已据《水经注》校改。虽已然涉及石门颂，即文中"司隶校尉犍为杨厥之所开"以及"汉中太守同郡王升嘉厥开凿之功，琢石颂德"之刻石为石门颂，但仅为转录前人群籍而已，非是实地勘察之成果，故不能认为当时已经访得或发现石门颂。又：

　　石门。在鸡头关下，五丁凿，汉高帝通之，避子午之艰涩者。此门通则避七盘之险，而褒殊无险也。门内左刻王远铭，右刻杨君颂，又刻修道五官掾职衔姓氏。西南岸刻魏浮亭侯修栈道字。南三十步为手扒崖，崖南五十步为一点油石。此二处甚隘，非身轻如鸟者不能度也。又县南八十里亦有石门之名，而日峡两石屹立如门，东峡有大圆石，形似鼓，中通溪水焉。

王远铭即石门铭，杨君颂即石门颂，修道五官橡职衔姓氏即石门颂末尾题名，魏浮亭侯修栈道字即潘宗伯韩仲元李苞通阁道记。此段文字没有说明文献来源，难道是清初为修府志而实地考察得来的？这是一个非常值得探讨的问题，涉及到清初至乾隆间石门摩崖石刻的流传问题，进而涉及到存世拓本的断代问题，可惜暂时无解。

雍正九年（1731）范昉《重修略阳县志》仍然有对郙阁颂的记载，卷一《政迹》：

> 汉李翕，河阳人，建宁中知兴州，造郙阁栈道，以济行人，有蔡中郎郙阁铭，今栈废，碑铭存。

书后《艺文志》载明邑令施有光《蔡中郎郙阁铭碑》诗，有对该摩崖石刻的具体描述：

> 君不见，云书鸟篆悉奇文，岣嵝石鼓源流分。后汉伯英变今法，亚圣草贤接踵闻。桓灵之世刘君嗣，行书创起推独异。此时更有绝伦人，入妙超神非一致。旷世逸才属中郎，直言蜕堕至今香。余情泼墨龙蛇走，郙阁铭碑犹非常。试问碑铭何自始，郙阁建由良牧李。飞担悬拱利徒行，见者神扬爱作纪。高阁名碑称二绝，沧桑兵燹及磨灭。至物还应归玉楼，阁久倾圮碑尽缺（真迹无一字，今所传者临摹付本耳）。昔曾登代陟巅危，欲

补秦皇无字碑。又曾南探金庭游雁荡，芝函玉册杳难状。由来奇字不肯落人间，藓碑断碣石皆顽。欲知世上惊人笔，多在寰中未见山。

其中"阁久倾圮碑尽缺""真迹无一字，今所传者临摹付本耳"云云，即郙阁颂今所传铭文为后世临摹重刻之付本，聊备一说。

嘉庆十九年（1814）严如熤《汉南续修郡志》，即《嘉庆汉中府志》，其卷六《古迹》有关郙阁，卷十《秩官》有关李翕，均转录自康熙滕天绶《汉南郡志》。但增加《拾遗》二卷，这些内容是旧志没有的。《拾遗》上卷，即三十一卷记有郙阁颂，注明文录自赵崡《石墨镌华》：

> 汉李翕析里桥郙阁铭，在略阳，相传为蔡邕书。碑文"醳散关之嶔漈，徙朝阳之平燥"，欧阳公以为疑，杨用修谓"醳"古与"释"通，"漈"借作"湿"，"燥"与"燥"同解，作"去湿就燥"之义。又，碑中太守李君讳翕，字伯都，今版本皆作李会，惟郑樵《略》曰李翕，与碑合。

这是汉中方志中首次引文金石类著作，但不限于此。又见该卷：

方松盘观察于金石文考校特精，以省志所载蔡中郎郙阁铭文不相属，中多残缺，属署略阳令王君森文考订焉。中郎原碑在县西北罝口之白岩，碑修五尺一寸，广三尺五寸，文十二行，颂三、诗四行，行二十七字。文第六行、第十二行，行十一字。颂第三行，行十八字。共四百七十二字。左下角缺四十字，右上角缺五十三字，中缺四字。清显者二百四十余字。明知县申如埙重刻于县南灵岩寺石壁，修、广、行数亦依旧式。据以考旧碑文，可成诵，计缺字尚十有三字。兹存王君所摹二刻于后，以备好古之稽焉。

文中，王森文，字吉农，号春林，山东诸城人，嘉庆十年（1805）进士，十九年（1814）任略阳知县，公务之余，悉心考察郙阁颂，成《郙阁铭摩岩碑考》一卷。该年九月，因公赴褒城，游石门，遍拓碑刻，成《石门碑醳》一书，见《郙阁铭摩岩碑考》一文附于该书后。在书中，王森文据拓本详细摹写了石门诸摩崖及郙阁颂摩崖文字。经查，严如熤《汉南续修郡志》这段文字对郙阁颂的文字介绍，基本来源于王森文《郙阁铭摩岩碑考》。如图2所示，文后附郙阁颂白崖原刻，模拟汉隶书体，应来源于王森文，即间接来源于拓本。经审，原刻铭文第八行"元功不朽"四字，后三字已泐损，仅存一"元"字，第九行"校致攻坚"四字之"校"

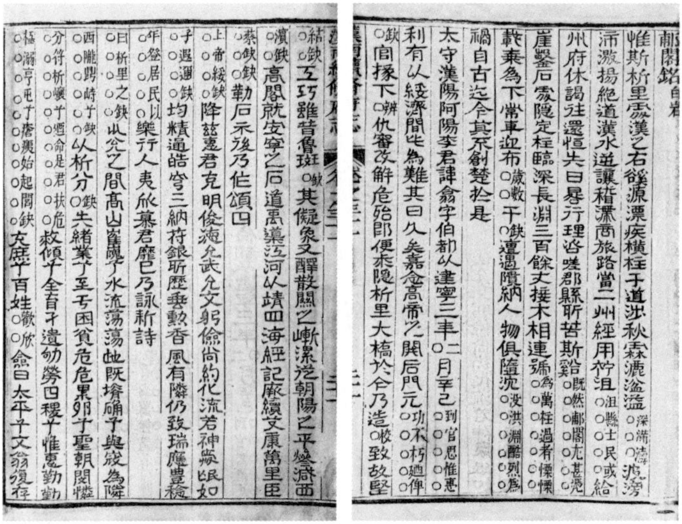

图 2

字已泐损，仅存"致攻坚"三字，这是与乾嘉拓本的校勘结果是一致的。此前，清初拓本"元功不朽"四字之"功"字尚存，明拓本"不"字尚存；此后，嘉道拓本"校致攻坚"四字泐尽。这是关于郙阁颂的情况。

关于褒城石门摩崖，严如熤《汉南续修郡志》卷二《古迹》有文字两条，一小石门，一石门，均转录自康熙滕天绶《汉南郡志》。但《拾遗》二卷所记甚详。《拾遗》上卷，即三十一卷录有褒城石门摩崖石刻铭文多种，计有鄐君开通褒斜道记及晏袤释记、石门颂、李苞潘宗伯韩仲元

28

通阁道记及晏袤释记等六种，均为全文。其中，将石门颂末尾五官掾南郑赵邵等题名，单独列为一种，误。故实际五种。需要说明的是，与《拾遗》二卷中其他文字均注明录自某某旧籍之不同，这几处摩崖石刻铭文均注明为"鸡头关下石门洞碑"，显然录自拓本。此外，《拾遗》下卷，即三十二卷还全文收入倪兰畹《石门道记》一文：

倪兰畹《石门道记》谨按：褒城县治在连城山之阳，平地斗城。其东门外，两山夹一溪，东曰汉王城，西曰鸡头关。关之东麓，有洞曰石门。夏秋水涨，没溢崖岸，不能问途，惟冬春始可拏舟而入。舟不能径达，则舍舟而步。山径溜滑，乱石纵横，几不能容足。盖登陟之难如此，故斯洞为人迹所罕到。其洞面南，高一丈，阔称之，深四丈，高二丈余。南北通达，石无斧凿痕。其东壁则王远石门铭，刻于顽石，凹凸不平，蟮缝绽裂。其西壁则杨孟文石门颂碑，后附刻王府君造作石菊事。再后则朱玉表记，杨伯邳、伯弼之生平。余则来游题名几满，皆宋人手笔也。洞之外，南崖之上，则潘宗伯、李苞题字，离数丈则晏袤释文。稍东则绍熙五年晏袤修堰碑，再南半里则鄐君之碑在焉，晏袤释字、释文附刻其下，按释字较原碑多数十字。今观鄐君之碑，崖石已尽，不知所多之字镌于何所，或者山石倾圮所致。盖时历二千

29

余年，陵谷之变，诚有不可考者。碑皆纪开通褒斜道事，则古无七盘岭之路，皆沿山治桥阁而行，今山石皆有孔云。返棹而行，约三里余，溪中有石一座，白如玉，其中凹，名曰玉盆，宋人题字最夥。再南则干道修堰碑及宋之源题名，遂达于城外矣。谨按：洞之前后，石刻几有四十余种，不为不多。奈褒城久无志乘，即见于汉中府志者，仅存王远一铭，则散逸者久矣。壬寅之春，蒙毕中丞采入《关中金石记》。癸卯仲夏，粥三通馆橄取之，入《金石略》。残碑断碣，久经湮没，一旦拂拭出之，比于剑气珠光，焜耀千古，物之显晦，洵有时哉。

据钱泰吉《海昌备志》及光朝魁《褒城县志》，倪学洙，字敏修，号兰畹，浙江海宁人，乾隆二十二年（1757）进士，四十五年任褒城知县。倪文详细描述了石门摩崖石刻，计有石门二字、石门铭、石门颂、杨淮表纪、李苞潘宗伯韩仲元通阁道记及晏袤释记、山河堰落成记、鄐君开通褒斜道记及晏袤释记、玉盆二字等。于乾嘉间，石门摩崖石刻诸品开始椎拓并正式写入史书，这是毫无疑问的。

如拙文《石门颂摩崖早期传拓考》（载《书法丛刊》2018 年第 3 期）所说的那样，倪文是现存最早的专文，其还涉及毕沅对石门摩崖的著录，即"壬寅（1782）之春，蒙毕中丞采入《关中金石记》"云云。该文作于倪兰畹褒城知县任上，是因为"奈褒城久无乘志，即见于汉中府志者，仅存王远一铭，则散逸者久矣"云云，这再次说明石刻文字的发现与地方修志密切相关。

基于严如煜《汉南续修郡志》的刊行时间，可以认为乾嘉间已经广泛运用拓本来著录汉中诸摩崖石刻，并摹写文字，纂修地方志乘了。进而，汉中地方志中对摩崖石刻的记载，与金石学著作和其他相关文献的记载以及拓本的椎拓和流传的历史是一致的。此后，从道光年间开始，汉中摩崖石刻，尤其石门十三品，载入地方志书已是常态。如道光十一年（1831）光朝魁《褒城县志》卷八《文物志》"今惟小石门之在鸡头关下者最著，石刻甚多"云云，并罗列有鄐君开通褒斜道记、石门颂、潘宗伯韩仲元李苞通阁道记、石门铭等。而道光十七年（1837）谭瑀《重修略阳县志》卷一《舆地部·山川》，对郙阁颂摩崖石刻的介绍至臻至善：

> 白崖。《严志》：在西三十里，两岸夹对，屹立百仞，江水从中流出。即今置口之析里碥。汉建宁三年，太守李翕凿石架木为郙阁，以济行人，汉中郎将蔡邕作铭，隶书镌碑以记厥功，今阁废而文传焉。后田克仁摹刻于灵岩之绝壁。宋文同诗："南征曾读浯溪颂，西溯今观郙阁铭。"苗临沣稿本《石墨镌华》：汉李翕析里桥郙阁铭，在略阳，相传为蔡邕书。碑文"醳散关之嶔

31

潒，徙朝阳之平燰"，欧阳公以为疑，杨用修谓"醳"古与"释"通，"潒"借作"湿"，"燰"与"燥"同解，作"去湿就燥"之义。又，碑中李君讳翁，字伯都，今版皆作李会，惟郑樵《略》曰李翁，与碑合应。方松盘观察于《金石文字考校》特精，以省志所载，蔡中郎郙阁铭，文不相属，中多残缺，嘱略阳令王君森文考订焉。中郎原碑在县西北置口之白崖。碑修五尺一寸，广三尺五寸，文十二行，颂三行，诗四行，行二十七字。文第六行、第十二行，行十一字。颂第三行，行十八字。共四百七十二字。左下角缺四十字，右上角缺五十三字，中缺四字。清显者二百四十余字。田克仁重刻于县南灵岩寺石壁，修、广、行数亦依旧式。据以考旧碑，文可成诵，计缺字尚十有三。按旧志云，郙阁铭碑在白岩，田克仁恐久而失迹，故复隶于灵岩之罗汉洞。今碑旁镌申如埙名，想原碑残泐，田公刻时，未获全文，而申公复补之欤。观碑右上角数十字，隶体不一，可证也。

文中《严志》，即指严如熤《汉南续修郡志》。

（2022 年 3 月 1 日）

曹仲经其人其事

瘗鹤铭摩崖残石水拓本存时人跋者甚稀，凡三。一民国有正书局石印之杨宾跋本，现不知下落。一现私人收藏之徐用锡跋曹仲经拓本，文物出版社2010年有印本。一现藏故宫博物院之潘宁跋本，紫禁城出版社2010年有印本。杨宾跋于康熙四十八年（1709），潘宁、徐用锡则分别跋于雍正三年（1725）及雍正四年（1726）。杨宾、徐用锡、潘宁三人，或于清代学术，或于金石碑版，近人多有提及。曹仲经者，即曹曰瑚，则忽视久矣，如李遇孙《金石学录》隐没曹氏姓名于朱彝尊小传内，而今人张宗友著《朱彝尊年谱》则将曹曰瑚误为曹瑚。

据《嘉庆嘉善县志》卷二十五："曹曰瑚，字仲经，县人，国子生。好集金石文字，搜访殆遍，得佳者则装界为册，请朱彝尊跋其尾，亦以拓本见贻朱（见《曝书亭集》）。尝自江南至京师，如瘗鹤铭、云麾将军碑之类，皆手搨以归，自赋诗纪之（见《皇朝风雅》）。有《大珠山房集》。"

另据李放《皇清书史》卷十二："曹曰瑚，字仲经，秀水人，嗜金石，工书，法米，竹垞检讨之高足弟子也。"曹氏，又号竹涧，一号竹碉。生年无考，卒年约雍正十一年（1733）至乾隆二年（1737）间。与徐用锡（1657—？）、何焯（1661—1722）属一辈人物，年龄亦大致相仿。因有关资料已散失殆尽，曹氏文学诗词及碑石考据之学术事迹已不得而知，本文仅就其访拓碑刻之事探寻一二。

图3为徐用锡跋曹仲经拓瘗鹤铭册之手书墨迹（见文物出版社编《瘗鹤铭摩崖石刻水前本》，文物出版社2010年）：

吾友嘉兴曹仲经最为翰墨中好事，游于镇江陈守，乘江水冬涸，自至崩石处，在厓下有仰而搨者，墨汁洒面上。分赠此本，完字尚有神彩。近为沧洲先生移置岸上，构亭覆之，搨而鬻之。贪估俗僧复苦字

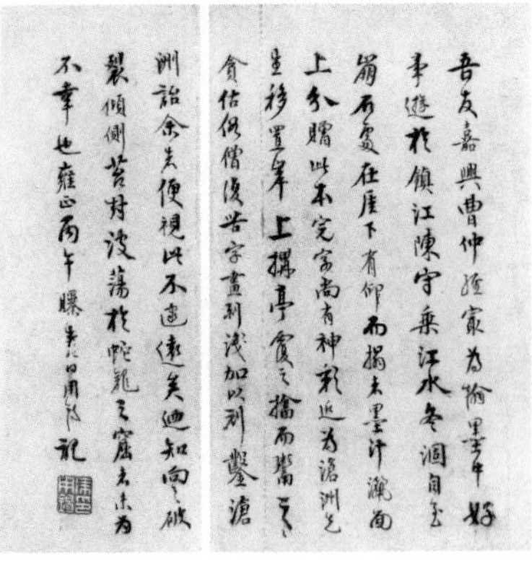

图3

画剥浅，加以刊凿。沧洲诒余者便视此不逮远矣。乃知向之破裂倾侧苔封波荡于蛇龙之窟者，未为不幸也。雍正丙午（1726）曝书日，用锡记。

此文亦名《瘗鹤铭真本跋》，见徐用锡《圭美堂集》卷二十一。徐跋措辞谨严，言曹传拓瘗鹤铭在残石出水之前。具体时日未知，似在陈鹏年康熙五十二年（1713）出石于水前不久。关于此事，徐《书柳诚悬书符公碑后》（《圭美堂集》卷二十三）再次提及：

> 瘗鹤铭裂堕江中，好古如张力臣、吾友曹仲经，冬春水涸时，蛇游蟹步，藉落叶仰读而搨之，获其一二字，虽间有崩阙，不害其可爱玩。沧洲先生发兴豪举，解橐金，赁匠巨，夫缅索钩之鱼龙之窟，升之福利之场，筑台覆亭，可以坐立布楮墨而施毡搥，逸劳暠当百倍。及沧州以近本见贻，令人心灰气衰，谁为雕剜者，回思海潮江浪之为护符多矣。

显然，瘗鹤铭出水后即被剜洗，文字开始失真，水前拓本凸显珍贵。旧时文人学者多鉴藏、访拓碑石，曹即清初一代表性人物。其著有《大珠山房集》，未见传世，其访拓石刻及赏鉴碑版之事多见于徐《圭美堂集》。除下水拓瘗鹤铭，当年曹秦中拓碑之事也数次被徐提及。

一见《赠曹仲经诗》（《圭美堂集》卷六）：

　　氅缩流尘鬓发凋，为怜风格雅萧萧。客囊每为文房罄，磊块时凭笑脸消。隋岸争腾千鹢首，秦碑磅礴两牛腰（丁亥春，遇仲经于维扬舟中时，上驻跸高旻寺，龙舟喧阗，仕女拥岸，仲经邀赏其新搨陕碑两箱，致为佳事）。搜奇旧事兼新赏，屈指唯君是久要。

一见《跋智永真草千字文》（《圭美堂集》卷二十一）：

　　永师千文惟东坡先生评语为允，王氏血脉此为宗嫡，临池家宜寝食相依。嘉兴曹子仲经西游，涤石去垢，洁楮墨，搨此见贻，可宝也。

一见《唐李都尉墓志铭跋》（《圭美堂集》卷二十一）：

　　吾友曹子竹涧以事至秦中，属其大吏洁楮墨，尽搨其碑版归笥，果然与余相遇于维扬之宝塔湾，舣舟出赏，丐得此本，喜不自胜。是时，銮舆驻高旻寺，龙舲竞渡，箫鼓喧阗，冠裳交骛，士女如云。而余两人乃狂呼剧论于此。予方落拓无聊，宜藉以消长日，而曹子正从贵人游，亦作此不近人情事，其风趣为不凡矣。归而割缀成帙，因识之简端。

浙江海宁图书馆藏有曹仲经手拓华岳颂册（见王丽霞、子午源编《海宁图书馆藏金石拓本》，西泠印社出版社2010年），存徐用锡手书题跋（图4），亦及此事：

> 昔人谓书先须引八分章草入隶字中，发人意气，非直谓其体制也。盖书须腕竖锋立，此惟篆籀、八分、章草笔锋直下，易见其入纸之迹。此碑笔势绝类褚法，方圆互用，颖芒透纸，此学书之津梯也。余好金石遗迹，曹子竹涧有同癖，游秦中，尽拓其石刻归。丁亥（1707）春，遇之邗江舟次，时銮舆驻高旻寺，冠裳交鹜，箫鼓沸阗。而余两人方狂呼剧论于此，颇称清事。今竹涧来，方卸装即索题，此风趣为不凡矣。用锡。

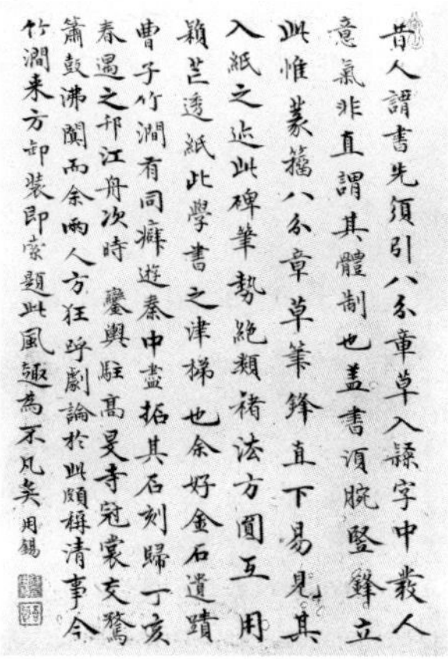
昔人謂書先須引八分章草入隷字中發人
意氣非直謂其體制也盖書須腕竪鋒立
此惟篆籀八分章草筆鋒直下易見其
入紙之迹此碑筆勢絶類褚法方圓互用
穎芒透紙此學書之津梯也余好金石遺蹟
曹子竹澗有同癖遊秦中盡拓其石刻歸丁亥
春遇之邗江舟次時鑾輿駐高旻寺冠裳交鶩
簫鼓沸闐而余兩人方狂呼劇論於此頗稱清事今
竹澗来方卸裝即索題此風趣爲不凡矣 用錫

图4

徐氏上述诗文墨跋言及曹氏秦中拓碑归来，于丁亥（1707）春遇之邗江舟次，因知曹此次秦中拓碑约在康熙丙戌丁亥间（1706—1707）。徐云“嘉兴曹子仲经西游，涤石去垢，洁楮墨”“吾友曹子竹涧以事至秦中，属其大吏洁楮墨，尽搨其碑版归笥""游秦中，尽拓其石刻归""仲经邀赏其新搨陕碑两箱"，并咏"隋岸争腾千鹬首，秦碑磅礴两牛腰"，可见曹访拓碑刻之盛。

作为金石同好，曹仲经时常索跋于徐用锡。因曹藏拓本多未传世，徐跋墨迹亦多无存，跋文见于徐氏文集者为多。如《跋曹仲经未断圣教序》（《圭美堂集》卷二十二）："圣教体势最备学行狎书者，自稧帖外皆宗书视之。初断已难得，况此未断乎？虽神采以做旧磨擦而灭，寻其锋颖未退处，以求其用笔，则所得为不浅矣。"如《跋曹仲经黄庭镇海本》（《圭美堂集》卷二十二）："余半生最忽视黄庭镇海本，以其无复用笔。今见仲经所收初搨，不觉刮目，乃知贾胡眼光到处，固自不凡也。"

曹仲经与徐用锡还互赠拓本。上引徐用锡跋曹仲经拓瘗鹤铭墨本，为曹赠徐者。另见徐氏《颜书臧公神道碑跋》（《圭美堂集》卷二十一）："鲁公书昔人称其端劲庄特，臧公神道更秀锋逸气，淬利无前。此系略旧本，余向赠友人曹仲经，转赠褚子良书。良书褙成二册，用宝行笈，临仿精进，窥见秘妙，幸以告仲经及予，示不忘所自也。"所记徐亦有赠碑拓与曹者。

除了徐用锡，另见何焯与曹仲经亦多有碑版研讨和交往，事迹见于何氏《义门先生集》。何焯有《与曹仲经书》（《义门先生集》卷三）若干通。其一涉及曹赠碑与何："承教石刻四种，王知敬所书卫景武公碑与不著书撰人姓名之段志玄碑，弟皆有之，不敢重费嘉惠。其褚公所书之房梁公碑、赵模所书之高申公碑，则只承弗谖矣。"其一涉及何为曹作跋："金石文字邀惠已非一种并佳，研不敢复拜贶矣。圣教序与天玺纪功碑漫题数语，恐不直，一笑如何，诸不备"。另见何为曹作《吴天玺纪功碑跋》全文（《义门先生集》卷七），时康熙五十九年（1720）秋，故上引何书涉及曹索跋、何题跋圣教序与天玺纪功碑之事当在彼时。

另，何为曹书《旧本圣教序跋》（《义门先生集》卷七）："此碑未断之本已不多得，特搨手非良工，且偶不得佳墨，遂稍减其风神，不能如董宗伯所云'字画如刀截者尔，然吾侪穷士学书有此亦已足矣'。仲经先生尚珍重之。"当上引徐用锡《跋曹仲经未断圣教序》所书之本。

除了徐用锡、何焯两位金石挚友之外，曹师朱彝尊也记录了一些曹仲经访碑拓碑赏碑的活动，详见《曝书亭集》内跋文多篇。《吴大安寺铁香炉题名跋》（《曝书亭集》卷四十六）："曹生曰瑚，好集金石文字，从上元灯市购得铁香炉识十纸，以示余。"《北齐少林寺碑跋》（前书卷四十八）："曹上舍仲经，好古金石文，特装界为册，跋其尾焉。"《唐骑都尉李君碑跋》（前书卷四十九）："同

39

里曹生仲经嗜好金石文，手拓同州李君碑示予。纸墨精善，对之眼明。"《唐郎官石柱题名跋》（前书卷四十九）："康熙戊子（1708），予始购得郎官题名三纸，字已漫漶，眼昏莫辨。会桐城方生来自京师，访予梅会里，坐曝书亭，镇以界尺审视之，姓名可识者三千一百余人，别录诸格纸。而同里曹生复以所揭本赠予，因言柱在西安府儒学孔子庙庭之右，上有古柏覆之。方生名世举，字扶南；曹生名曰瑚，字仲经；俱受业予之门。"

尤其朱书《晋王李克用墓二碑跋》（前书卷五十），透露出曹仲经曾出碑于土之事，特单列于此："同里曹先生博采金石，有欧阳、赵氏之好，出二碑于土，摹之揭本，俾予审定其字若干，遂书其后归之。"

各地碑石留有曹仲经当年访碑拓碑遗迹者，凡见有曹氏刻跋于石者二。一刻于济宁学宫汉碑，见翁方纲《济宁学宫观碑歌》（《复初斋诗集》卷三十九）："国初曹（仲经）张（力臣）皆好古，班班石侧留墨醅。"《观碑图为秋盦题二首》（《复初斋诗集》卷四十二）："摩挲郑范苔痕古（郑季宣、范式皆君所手剔者），想象曹张墨色新（州学戟门汉碑石侧有曹仲经、张力臣手题字）。"一刻于西安碑林之玄秘塔碑，见梁巘《承晋斋积闻录》："柳诚悬玄秘塔碑，前明时渐剥蚀，有秀州曹仲经者从而洗之，故其字本来尚瘦，因铲洗而笔画遂肥，后刻'秀州曹仲经观'六小字，若无此六字者，即未经洗之原拓也，风神迥殊。"

据徐宗乾《济州金石志》卷二："曹曰瑚《名碑总目》云：汉庐江太守范式墓碑在济宁州学，今无。"始知曹氏有《名碑总目》，想必属访碑拓碑之记录，惜亦未见。

另外，陕刻峄山碑也曾经被曹仲经给"到此一游"过。

本文原载于西安碑林博物馆编《碑林集刊》总第 25 期，第 170—174 页，2020 年。有修订。

（2020 年 5 月 12 日）

王楠与话雨楼

伴随着金石学的全面复兴，清乾隆后期的金石碑帖收藏进入一个高峰期，名家辈出，精彩纷呈。在此之前，彰显于世的大家虽寥寥无几，但亦有值得称道者，如盛泽王氏话雨楼。"江以南推收藏之富且久者，必曰王氏话雨楼"（《话雨楼碑帖目录》许楗序）。

盛泽地方志乘之仲廷机《盛湖志》卷五"园宅"：

> 话雨楼，在充字圩敦仁里，处士王楠居。按，勺山藏金石书画于楼，名流张瓜田、金冬心、沈凡民、汪退谷、张文鱼时过从焉。张庚《馆王氏话雨楼，浈江从兄过访，论古今书法》：王氏箕裘乐毅篇，官奴名遂著童年。堪怜真迹香生处，拓本惟凭承素传。醴泉铭有晋风流，肯让虞公藏器优。不识近来高丽国，宝传犹得几银钩。

王楠，话雨楼主事者，出于当地富族，于乡间多行善事义举，并雅好金石。王鲲《松陵见闻录》卷四"轶事"：

> 王楠，字任堂，号勺山，盛泽监生。好读书，博学嗜古，搜集周秦而下金石遗文至数千种。善鉴书画，远近宗之。尤晓干略。乾隆乙亥，岁饥，楠具《施赈章程》十二条白令，令善其言，以盛泽男女二厂专任之。楠躬自倡率，捐米二百余石，并劝众捐输。每日煮粥十五石，施赈三月，赖以全活者万计。且悯饥民路弃婴孩，复独捐赀，别设婴孩厂，历半载，收养无算。邑令张光熊奉宪檄，给"仁义可风"匾额，以嘉其义。俗尚火葬，楠捐饭字圩田二亩作义冢，遇无主暴骨，收瘗之，岁以为常。松陵学舍之创设也，估费千金，楠劝诸绅就盛泽一镇之力捐之，遂请当道建置。盛泽社仓之始，楠与经理，且自捐输百石焉。著有《金石辨证》《话雨楼诗钞》。

据《盛湖志》卷十二"书目"，二书存目，曰"并未见"，估计早已失传。

王楠善事义举，亦见《盛湖志》卷九"义行"，其金石事迹见载金石学史。陆心源《金石学录补》卷四："王楠，字任堂，居吴江之盛泽，好古而善聚，自周秦彝器，下至历代石刻，阅世有精善者，必罗而致之话雨楼，故话雨楼金石之名颇著。编有《话雨楼碑目》，考证亦精。"《话雨楼碑帖目录》许梿序："勺山翁好古而善聚，自商周彝器，下至近代石刻，闻世有精善可喜者，必罗而致之，以贮是楼，历三十年。而楼之所藏亦可谓象犀金玉之府矣，而翁又善考据，乐与时贤者游，故辨证尤确。"

王鲲（1755—1832），字旭楼，王楠少子，有跋《话雨楼碑帖目录》，道出其父的师承（何焯、张庚）及交友（汪士铉、金农、沈凤、张燕昌）等：

> 先君子勺山公，耽欧阳集古之学，得从何义门、张瓜田两先生游，乃益精考证，每见一善本，多方购致。三十年间，精力所聚凡若千种，藏以自怡。盖时远近同好者尚勘，又居吴会之间，故家藏弆捆载过门，殆无虚日。一时名流，如汪秋泉、金冬心、沈凡民、张文渔，尝扁舟过访，评论古刻。而冬心翁尤深于六朝分隶者也，其有当意者，各署书而去。故所在金石家咸以不得登王氏话雨楼为憾焉。

《话雨楼碑帖目录》（图5），王鲲编次，辑录王楠生前鉴藏之物。笔者自其中录得王楠题跋三则，事关金石考据，多有信息透露，涉及金石品评、文史考据、藏弆逸事，钞录于此：

跋《等慈寺碑》："按《旧唐书》，太宗贞观三年十二月癸丑，诏建义以来交兵之处为义士勇夫殒命戎阵者，各立一寺，为之荐福。敕虞世南、李百药、褚亮、颜师古、岑文本、许敬宗、朱子奢等，各撰碑铭，以纪功业。今存者惟豳州昭仁寺碑，朱子奢撰，顾亭林先生录之《金石文字记》。此碑乃颜师古撰，立于等慈寺，为破窦建德于

图5

汜水也。亭林未及见，故不著录。此本字稍漫漶，其完好处神采具足，骨力峻拔，介乎欧褚之间，惜不署书者名，岂即师古书耶？乾隆癸未（1763）六月。"

跋《优昙铜钵小楷心经》："佛家优昙钵，今僧俗呼之曰磬，叩以节经忏起止者。此大中铜磬，周刻小楷心经及陀罗尼经，笔法极类欧褚，吾郡莳溪薄氏购藏焉。桐乡汪氏学山家难作后，构绣佛楼韬晦以谢。二君皆余友，因为介绍，以良田二十亩相易。益以随刻丝金刚经一卷，书法绝似华阳真逸，圆湛遒劲，恣态可爱，织手

45

之良，虽唐人双钩法无能过此，真铭心绝品也。思欲双钩，惜腕拙中止，仅搨此以归。今夏偶检故麓，恍见故人，忽忽三十余年矣。命工装池成册，藏于话雨楼。乾隆辛巳（1761）中秋三日。"

跋《兰亭贾秋壑灯复印件》："褉帖缩本不始于宋相贾似道，唐欧阳率更、褚河南尝缩为小体，所谓玉枕兰亭是也。然欧褚所缩点画结架都参己意，未若此本得化工之妙，定武兰亭面目班班具在，竟若右军当日别书小字，兰亭亦出定刻流传耳。石旧藏倦圃曹氏，侍郎所函以枣木匣守，墨跋语镂诸盖，吾友桐乡汪氏学山谬赏余有真鉴，挐舟迎余审定，以白金十镒易归搨一本赠余，岁在柔兆摄提格（1746）。命工装池作小册，盖定本世不多得，凡褉帖辄指定本，睹此庶得庐山真面目矣。

王楠《金石辨证》早佚，《话雨楼碑帖目录》保存下来其若干文字，其中一则有关三国吴宝鼎二年砖文，记录了王楠与何焯、张燕昌师友间贶赉之谊：

此搨本，何义门先生所赠，盖先生藏有是砖耳。朱竹垞太史跋"康熙四年，吴之村民于小雁岭，掘地得砖二。考宝鼎为孙皓纪元。其年六月，皓起昭明宫，一时陶瓴交作，或分命吴郡助其役，理有然者"，云云。余尝以一本贻砚友张艺堂，《金石契》所刻者，即是本也。

据《盛湖志》卷十一"流寓"，张燕昌"尝寓王楠话雨楼，所辑《金石契》，摹本屡称吴江王勺山者也"。见乾隆初刻《金石契》载"汉帐构铜字"云："乾隆甲申（1764）春，吴江王勺山楠赠余搨本，字画精美，惜未见其物。按金石文字，惟残碑断碣及小品款识最为难得，而世多忽之。尝于勺山话雨楼见所藏赵灵均双钩史晨碑，当时视为罕有，今搨本几遍有矣。"

话雨楼的收藏以碑帖拓本为大宗，间有吉金彝器及其他物什。吉金彝器最著名者为二爵。一守册父己爵，阮元《积古斋钟鼎彝器款识》卷二有载，阮本人未见实物，乃据陈鳣摹本编入。一册丁酉爵。二爵现藏上海博物馆，前者记为王楠之孙王少吕旧藏，后者所记不详，当可补为王氏话雨楼旧藏物。话雨楼另藏一五铢泉范甚著名，张燕昌初刻《金石契》有载，即记作"藏盛泽王勺山楠家"者，张燕昌、张廷济、张开福、许梿、瞿中溶、徐楙、杨澥、杨秉桂、杨炳春等有跋记。虽然这些均不属大件名品，但在王楠的年代，吉金收藏甚为小众，多有不易，故光绪《盛湖志补》卷三"金石"皆录入，属地方金石名品。

仲虎腾《盛湖志补》卷三"金石"还记录一件明项墨

林木几铭："隶书八行，每行八字。右几旧藏王氏话雨楼。枕箪铭，项墨林著。贞坚奇木，质润理鲜。刻削制器，荐于文团。凝神静魄，适性宁眠。卧游旷朗，冲虚太玄。灭想无梦，绝虑忘言。物我齐化，一觉蘧然。隆庆庚午七月巧日。"刻有"项元汴印""墨林父印""项墨林父秘籍之印""子京父""天籁阁"诸印。据张燕昌《阳羡陶说》，王楠话雨楼亦藏有名壶，为蒋时英、陈鸣远、时大彬手制。

王楠生卒年不详，大致年份却可考。王鲲跋《话雨楼碑帖目录》云"乾隆辛卯（1771），鲲兄弟四人出所遗而析之"，或王楠去世不久，或即逝于该年。

王濂，王楠之父，好收藏古物，曾延聘张庚为王家塾师。张庚在盛泽的这段经历，惟见盛百二《张征君庚墓志铭》有载："君于经典初不措意，年二十七，授徒吴江之盛泽，乃研穷注疏，又精熟《文选》，肆力于《史记》《汉书》及唐宋大家之集，如是十年。"（钱仪吉《碑传集》卷一百四十）又，乾隆《盛湖志》卷十一"流寓"："馆王氏话雨楼五载，王楠从之学。"按，张庚生于康熙二十四年（1685），年二十七，即康熙五十年（1711），至盛泽，止康熙六十年（1720），去江西，计十年，其中五年馆话雨楼，"王楠从之学"，则王楠当少时。由此而知，王楠或生于康熙后期，大约公元1700年前后。

话雨楼王楠旧藏碑帖，现虽存世寥寥，但多见金农品题。《盛湖志》卷十一"流寓"：金农"乾隆间，偕嘉兴鲍楷、芜湖诸葛祚同寓王氏话雨楼，王楠与订文字交，花晨月夕，每出所藏金石书画相评骘，署签题跋多出农手。"

据张廷济的说法，王楠故后，话雨楼藏物析一为五，传于后人："盛泽王少府旭楼九兄，家多古墨本，盖其尊人勺山翁所贻，析诸子时，分仁、义、礼、智、信五簿，少府得信字簿。"（张廷济序《话雨楼碑帖目录》）王楠诸子中，惟王鲲能克绍箕裘，继而传于子少吕。《话雨楼碑帖目录》王鲲编次后，未及刊刻，即殁，最终由王少吕付匠锓竟，流传于世。王鲲王少吕父子，有王楠遗风，与金石圈中人物过往甚密。钱大昕、张廷济、张鉴、许楗、杨澥、释达受、徐楙、叶汝兰、张开福等与之皆订有金石交，并为王楠旧藏金石拓本手书题记及《话雨楼碑帖目录》作序跋。又，钱泳"晚客吴门，寓王氏话雨楼，谈论古今，深夜不倦"（《盛湖志》卷十一"流寓"）。

话雨楼藏物，自王楠起，传诸子孙，前后总计三代。王少吕之后，话雨楼则湮没于世，想必弆藏之物已散佚灭失殆尽。时恰处太平天国运动时期，难道与嘉兴张氏清仪阁一样，盛泽王氏话雨楼亦毁于兵燹？

（2020 年 11 月 22 日）

碑版最究心：谭献日记中的魏稼孙

谭献有两位金石友人，一蔡鼎，一魏稼孙。谭献《复堂谕子书》："在闽又交魏稼孙，碑版最究心。"在给蔡鼎《翠云草堂金石存略》作序时，谭献也特意提到了魏稼孙：

> 故人魏锡曾稼孙，同时流寓福州，方锐意治古碑碣文字，戢耷丛残，有《萃编补石》之作。献羁因无聊，朝夕讲习，而故家赵氏、梁氏、陈氏所藏方出，献承其散失之余，稍收力所能致者。稼孙兼综唐宋，献则及隋而止。稼孙志在著书，献意稽古，而两人物力皆不逮，每遇名迹，质衣晢食所不能得，则咨嗟累日而已，事在咸丰之末。比同治初元，稼孙校录之书盈数寸，钞纂阙疑，而献心目所及，助之读定者数十事，盖于先正翁王之书，颇能讲去其非而求其是矣。

据此，谭魏初交，时在咸丰之末。序所言魏稼孙《萃编补石》一书，为续补王昶《金石萃编》之作，遗憾的是，此书已佚。作为晚清金石圈内闻人，魏稼孙金石事迹只能零星散见于赵之谦、沈树镛、傅以礼等人的文字记载。

赵之谦刻"绩溪胡澍川沙沈树镛仁和魏锡曾会稽赵之谦同时审定印"很著名，边款"余与荄甫以癸亥（1863）入都，沈均初先一年至。其年八月，稼孙复自闽来。四人者，皆癖嗜金石。奇赏疑析，晨夕无间，刻此以志一时之乐"，记赵之谦、胡澍、沈树镛、魏稼孙四人共聚北京，作金石游。无奈时间很短，两三个月后，十月间，"稼孙忽有必归之志，其人肫挚而固执不能劝"；"稼孙傍晚始来，顷已回去，云廿八准行"（《赵之谦致沈树镛札》）。

魏稼孙自京南归，即到福建，得与谭献再聚，以续金石之游。

谭献生前编刻《复堂日记》八卷，据吴钦根介绍，其原稿中对先贤时人，甚至师友（包括魏稼孙）的尖刻批评，在刻本中完全被删去。民国间，钱基博刊刻《复堂日记补录》两卷，终见其文字激烈率性的一面。今范旭仑、牟晓朋整理本《谭献日记》（中华书局 2013 年）（图 6）不仅包含了《补录》，还辑入《复堂日记》八卷本刊刻后谭献续写的《复堂日记续录》一卷，终成全豹。魏稼孙在闽中赏鉴、

图6

购藏、校勘碑拓之事，见于《补录》，时间集中于同治三年（1864）。

如谭献见赏魏稼孙北来所得石刻："诣魏稼孙，尽见其都门及江北所得诸石刻，以中岳先生题字、般若碑、张猛龙碑、沈君石阙为最佳。予借其北周华岳颂。"（正月八日）另有魏稼孙托谭献校碑审碑："稼孙以北齐天保年赵郡王高叡某等碑文属以审定。灯下校正，于稼孙录本中是正十许字。此碑如以'橪'为'条'、以'泂'为'同'，皆别体字。六朝碑刻多有此失。"（六月十九日）还有共同鉴赏碑拓："以厚值得旧拓石鼓文一本、鹤铭廿五字本一本，皆梁氏故物也。但与稼孙欣赏之耳，石鼓虽非难得，然第三鼓校近拓多四五字，可喜也。"（十一月五日）

《补录》记载更多的为谭献与魏稼孙之间碑拓的互易互赠，这样的事情几乎每月都有发生。具体如下：

三月十八日，"购得秦泰山残石廿九字。此碑存山顶

52

碧霞元君庙一本，尚原石，山下岱庙一本为重刻。又阮文达曾摹刻于研石上。闻原石已毁于火，未审此本为出何石，候审定。又购乙瑛置百石卒史碑拓本，尚佳。又汉残碑，所谓竹叶碑也。稼孙来，索赠竹叶碑去"。廿七日，"稼孙赠予孔宙碑阴，予报以元朔镜铭。前则以残西门君颂易得北周华岳颂，以竹叶碑易得嘉祥武氏宅孔子见老子画象"。

五月廿一日，"过稼孙久谈。稼孙又以敬使君碑面易予于孝显碑又孔元让碑"。

七月晦日，"购得朱拓君庙碑'寿'字全本，即以此本易得稼孙朱拓'寿不'二字全本。额铭字及碑中'四月四日'字、'名光''名'字均烂失矣。增之缙云城隍庙碑始成议也。又借稼孙唐昭仁寺碑归。此碑或云虞书，稼孙力主此论，疑当然耳"。

八月中秋日，"稼孙来谈，议定以近拓高贞碑加以建昭雁足镫拓本易予精拓高贞碑，又借予史晨碑、北周华岳颂去。予以咸通经幢赠之，又与以城隍庙碑，为装张迁表手工也"。

九月一日，"稼孙购得残经十余纸。推究本末，疑为风峪齐人写经。稼孙审视，决为隋人书，若唐以来当不能到。又稼孙旧藏佛说洗浴经一纸，淡拓，大小相同，笔意亦近，亦是物也。稼孙以重见者四纸赠我，又购得鲁公离堆记残字，亦以重见者赠我。可喜也"。十四日,"作札与稼孙,以手拓孟姜尊铭赠之,议定以《金石图》易其孙秋生造象碑"。

十月廿一日,"昨东街寄古斋裱肆火,焚稼孙所赠石鼓三纸又茭甫书楹帖一副,为之愤慨。稼孙过慰,又续赠予石鼓二纸"。

十二月廿四日,"稼孙来谈,始定议以李仲璇修孔子庙碑、唐昭仁寺及仓颉庙、郑季宣、郑固三汉碑,易予新得之武梁氏祠画象、隋赵芬碑、元魏道兴造象、宋人重刻汉冯绲碑、新拓昭仁寺碑、曹魏上尊号奏。予以欲得二郑及李仲璇久,故漫许之"。

谭献把这一年有关魏稼孙的内容从《复堂日记》八卷本中删去,可能因为以下两则对魏稼孙的批评及抱怨:

三月廿六日,"过稼孙不值。稼孙廿一日同予过帖估,见天发神谶残字八九。予以稼孙先得一纸十余字,因以此残字检与之。今日予得一本,有二百许字,自当以少从多,而稼孙便欲强取予所得去。稼孙嗜金石,是其一生最长之处,而骨董气太甚。予于金石本无系恋。而巧偷豪夺亦是雅事,所可嫌者市井气耳。又稼孙最贪他人之得,而己之所有辄珍秘以为奇货,同人中所由鄙之者也"。

五月二十日,"过卧老,遇稼孙,同过其寓。是日议定以文殊般若碑、敬使君碑阴易予魏祭比干文,以少室太室石阙开母季度残本、石门颂、白石神君碑易予吴纪功碑。稼孙笃嗜不惜心力，若去其近利之见，故是畸人"。

虽然谭献承认"巧偷豪夺亦是雅事"，不过说魏稼孙"最贪他人之得""强取予所得"，而"己之所有辄珍秘以为奇货"，总之"市井气""骨董气太甚"及有"近利之见"，却使魏稼孙的形象活脱脱跃然纸上。对魏稼孙的"近利之见"，沈树镛亦有言相劝："老兄拓本亦可谓爱入骨髓，然稍得利钱，每肯割去。""近来汉魏六朝愈不可得，极力搜之，实亦寥寥，容有可寄之便，即行奉去，望兄不可再售。"（《沈树镛致魏锡曾札》）

（2021 年 5 月 10 日）

从日记看翁同龢对碑拓的考据

翁同龢对碑拓异常喜爱，曾自嘲"沉酣于此，亦一大病"。据《翁同龢日记》（翁万戈编，翁以钧校订，上海辞书出版社2020年）（图7），同治八年己巳（1869）二月十七日，"假得前所见开母阙，始觉神采内蕴，迥非近拓。较吴山夫所记多四字，较顾亭林所记多四十八字。予直卅二金，旋为人购去"。十八日，"借董云舫、李若农所收开母阙与昨本对勘，董

图7

本拓虽后而有精神，颇疑昨本有异，当细校之。若农云董拓在前，不可以墨纸为优劣也"。二十二日，"过厂，以帖付装。前所见开母碑予直三十金犹不肯售，竟索去矣，迩来沉酣于此，亦一大病"。董云舫，即董麟；李若农，即李文田。又，光绪二十五年己亥（1899）七月二十七日，"得笏信（廿五发），并明拓开母庙碑。碑模糊，视新拓转逊，然足熨眼"。笏，即翁斌孙。

翁同龢以纸墨及文字模糊程度而非具体的考据点，来判断开母阙拓本的新旧，情有可原，因为包括开母阙在内的嵩山三阙，至今其考据点亦存争议，尚无定论。与摩崖石刻一样，嵩山三阙在野外，自然剥泐严重，是碑拓考据的特例，与置于室内妥善保存的碑石文字泐损状况及其变化不同，版本考据当另辟蹊径。

当然，翁同龢更多地还是涉及到了具体的考据点。以皇甫诞碑为例，其自订年谱载，光绪十五年己丑（1889）十二月，"赐观慎德堂藏宋拓皇甫诞碑，琦善家物，跋谓'机务'二字未坏云云"。在日记中，则有两次提及皇甫诞碑的考据点。同治九年庚午（1870）二月二十三日，"出城，见皇甫碑稍旧本，末行'永播笙镛'字，惟'播'字不可识，余皆可辨，精神胜余藏本"。光绪十五年己丑（1889）十二月三日，"赐观慎德堂藏宋拓皇甫碑，成邸得之南海吴氏，后入琦善家，籍入内府者也。郭兰石跋，谓'机务'

二字未坏，即旧拓之证，其实'永播堂镛'字亦模糊，不过初断本耳"。

据当代校勘家总结的校碑字诀，皇甫诞碑第二十二行"参综机务"之"机务"二字完好，是为北宋拓本。至于末行"永播笙镛"四字，已证明非是考据点。翁同龢所说并非全对。

翁同龢关于碑拓考据点的论述，除了现存于世附着于拓本之后的题跋之外，大量散见其日记中，现经初步整理，择其要者汇总举要如下：

石鼓文。光绪二十一年乙未（1895）六月十五日，"见杨又云藏石鼓淡拓本，第二鼓已泐'鳑''鲜'字"。杨又云，疑杨幼云，即杨继振。石鼓文第二鼓"鲜"字是重要的考据点，清初"氐鲜"五字不损本是区分善本与普本之标准，传承至今。

乙瑛碑。光绪二十二年丙申（1896）正月二十四日，"得见旧拓南唐十七帖半部（一百八十金），'辟'字全本乙瑛碑极可爱，并韩仁铭等共一百，颂阁买"。光绪二十九年癸卯（1903）二月九日，"访金门，携汉碑六种归看之，乙瑛最旧，是明中叶拓，'辟'字右旁两点已失"。颂阁，即徐郙；金门，即俞钟銮。如翁氏例证，乙瑛碑第三行这个著名的"辟"字，是判定明拓本、明末清初拓本、乾嘉拓本的重要考据，并沿袭至今。

郑固碑。同治八年己巳（1869）四月十七日，"有持郑固碑及郑季宣碑阴来者，汪容甫物，有王怀祖考证及焦家麟、郭尚先观款，然二行'籍'字已不全，《两汉金石记》所指为新拓者也，索直昂，还之"。汪容甫，即汪中；王怀祖，即王念孙。郑固碑第二行"遂穷究于典籍赜"之"籍"，是为清代最初拓本之考据，"籍"字完好本极其罕见。

史晨碑。同治三年甲子（1864）十二月二十一日，"到厂还账，见沈均初所藏史晨前后碑，前碑为胜，'家'字、'秋'字有，覃溪先生藏本"。光绪十一年乙酉（1885）正月初六日，"斌携字画归，赏之，内吴匏翁诗卷（篆题吴文定公诗墨，长二丈，壬戌十月，示其侄渊）、成王临右军十六帖（予豫邸，藏经纸十幅，长丈六，刘石庵题'山阴启秀'四字，亦奇妙）、董临兰亭（后有王孟津复亭记，附王昌绪临兰亭）、旧拓史晨奏铭（'家''秋'字全），此四件极可爱"。斌，即翁斌孙。第十一行"臣辄依社稷出王家谷春秋行礼"之"家"字、"秋"字，已证明为明末拓本之考据点，亦沿袭至今。

孔彪碑。光绪二十五年己亥（1899）九月十八日，"贾人毕藻卿以明拓孔彪碑来，无额无阴，姜实节藏本也，索五十元，有杨应询（苍毓）、沈均初印，然'膺''命'等五字已损矣"。第五行"膺皋陶之廉恕"之"膺"字、

59

第六行"坐家不命君"之"命",为明末清初拓本的考据,亦沿袭至今。

曹全碑。同治三年甲子(1864)五月三日,"前所见曹全碑,'乾'字不穿,'曾'字泐处少,'咸'字清析,须八金,还之"。光绪二十五年己亥(1899)十二月二十三日,"见沈小均家汉碑,惟曹全'因'字不损本为最"。依现今校碑字诀,首行最末一"因"字及首行"秉乾之机"之"乾"字为通行之考据点,"曾"字与"咸"字已基本无人谈及。

天发神谶碑。同治十年辛未(1871)正月十一日,"过厂,见天发诸碑,均不旧。天发神谶是乾嘉间拓,缺数字,残者皆去,'亿'字佚"。碑石中段第十六行"敷垂亿载"之"亿"字已佚去,翁同龢鉴定正确,此为乾嘉间拓本,是较晚的拓本。

孔子庙堂碑。同治元年壬戌(1862),正月初九日,"晚访云生,同到厂,见一陕本庙堂碑,甚旧,而字为墨掩,'大唐抚运'等字均留其半,末行结衔全,覃溪先生所谓数十年前旧本也"。正月十日,"偕五兄到厂看庙堂碑,有'永宣金石'字,真旧拓也"。同治八年己巳(1869)五月五日,"竟日未出门,借得旧拓虞庙堂碑,'永宣金石'字全,摹数十字补入余册中,此等事极无谓,后当戒之"。同治九年庚午(1870)二月二十五日,"见旧拓庙堂碑,'儒风承

60

宣金石'及'区中'等字皆全，胡扶山物也，直昂，还之"。云生，即许云生；五兄，即翁同爵。第三十四行"永宣金石"等字确为考据点。

虞恭公碑。同治三年甲子（1864）三月一日，"至厂肆文贵堂书铺，见丁心翼（称纷欣阁）所藏帖千余种，苦无佳本，一虞恭公碑尚可，'的'字、'历'字尚完"。据现今通行校碑字诀，第二行"昔者帝妫升历九官"之"历"字为明拓本考据，第五行"准的"之"的"字为清初拓本考据。

争座位帖。同治二年癸亥（1863）四月二十三日，"于博古斋见杨协卿同年绍和所藏宋拓争座帖，令人目眩神夺，希世宝也。争座帖是覃溪先生旧物，墨光如镜，较寻常所见本肥泽数倍，'出'字亦泐，首页有覃溪题字，后幅有十余页，非一年书。内称在江西学政时舟过□滩触石，行箧皆入水，是帖在焉，为留半日，逐页整治，至试院曝干，益觉神彩焕然，有诗记之，谓真是升山落水本矣。又临董香光跋。又称曾得一本较此为逊，以为斋中之副。帖尾先有蒋衡一跋，余皆覃溪同时人题跋，不能遍识矣。贾人云是帖归徐星伯，后质于厂肆典古斋，数年前为杨至堂丈购去"。五月三日，"重见杨氏所藏坐位帖，覃溪跋云庚子岁得宋拓邕师塔铭后十三日复得此册，'右仆射''右'字描，'一毁''一'字描。册尾有蒋衡一跋"。按现行标准，第三行"右仆射"

61

之"右"字、第五十三行"出入王命"之"出"字，确为考据点，但此二字完好者极少见，多经涂描。

麓山寺碑。光绪十四年戊子（1888）六月十六日，"过厂肆，见数物。宋拓岳麓寺碑，周荇农物，后有'黄仙鹤刊'字"。光绪二十五年己亥（1899）七月二十四日，"借金门麓山寺碑看之，较前看司寇公印者多数字，盖拓有粗细也。俞本缺末'□□乐公名光'六字，余在京时见一本，与俞正同，疑剜碑精拓，故字多而神理转逊耳"。光绪二十七年辛丑（1901）四月三日，"宋拓麓山寺碑，后'别乘乐公名光'六字全，较余本远胜，孙北海物"。周荇农，即周杏农；金门，即俞钟銮；司寇公，即翁叔元。经当今校勘家研究，第二十七行"江夏黄仙鹤刻"为晚本考据，甚晚至明清间，绝非宋拓考据；末行"别乘乐公名光"六字全否，则是早本考据，与别他考据（如"搜"字及"阐"字）一起构成区分北宋拓本与南宋拓本之标准。

多宝塔碑。同治三年甲子（1864）七月十九日，"偕若农同看多宝塔，汪稼门（志伊）物，有康熙、乾嘉诸名人跋，而帖不佳，'凿'字不坏，'谬'字、'刻'字皆断"。若农，即李文田。第十五行"凿井见泥"之"凿"字，为南宋拓本之考据，"谬"字、"刻"字则今日少有人提及，非确切之考据点。

众所周知，关于碑拓考据点全面系统的总结，见诸清末民国间，代表作是民国初年方若《校碑随笔》一书。虽然方若本人是金石碑拓藏家，具有相当的鉴赏能力，但财力有限，除了"四司马志"外，未见其收有更多的早本或初拓本，更遑论汉唐大碑名本。因此，集大成之作《校碑随笔》一书应是在继承、总结前人校勘鉴定碑拓的大量实践活动基础上完成的，其来源应该有很多，由于文献阙如，无法一一揭示，不妨认为翁同龢的有关见解或即其中之一。翁同龢的观点亦不是凭空而出，想必代表着当时大多数碑帖收藏家、校勘家的观点，流行一时。

受时代和鉴定技术的局限，尽管上述翁同龢有关碑拓考据点的论述有可取之处，但依然有一些观点是值得商榷的。现依然结合翁氏日记所载，试举数例如下。

张迁碑。光绪二十四年戊戌（1898）十一月四日，"屺怀以所得古碑旧拓见示，皆世间希有之珍，一阅即还，独留张迁碑一本审视。宋拓刘熊又钩本，王稚子双阙又钩填一本，大字麻姑坛、小字麻姑坛、常丑奴墓志，张迁碑苏斋藏，'东里'字不完，然极旧之拓"。光绪二十五年己亥（1899）九月一日，"借得祝少英张迁碑，'东里润色'四字全，较巴本有胜，苏斋本更不逮也"。屺怀，即费念慈。旧时一般把第八行"东里润色"四字作为张迁碑的最高考据，自乾嘉开始，言必称之。到清季民国，亦如此，翁同龢自然也不例外。传"东里润色"四字完好无损本仅朱翼盦旧藏桂馥藏本，现存故宫博物院。但据当代鉴赏家校勘家的研究，其实此本"东里润"三字有涂描痕迹。另外传上海图书馆藏有整纸卷轴本，但"东里润色"四字处不洁净，作伪明显。所以，"东里润色"四字完好本是不存在的，有关考据自然纯属乌有。

爨龙颜碑。光绪十三年丁亥（1887）八月十八日，"于朝房买得钱南园楷书二小幅，尚佳；又爨龙颜碑，墨色颇旧，拓法不精，多掩字，然较余所收两本则古厚多矣，疑此乃初拓，余两本皆重开或洗过者也"。翁同龢仅以墨色拓工来鉴定爨龙颜碑的早晚，恐实属无奈，因为旧传之诸多考据点实践起来，均失当，破绽百出，不可行。其考据点，虽然民国年间已被收藏家发现（如陈景陶），后来也被专业校勘家写入书中（如张彦生及其《善本碑帖录》），但全面系统的认识，直至近年才由日本学者伊藤滋先生总结出来，有兴趣者可参阅拙文《拨开爨龙颜碑的迷雾》（载拙著《嘉树堂读碑记》，文物出版社 2021 年）。

瘗鹤铭。同治九年庚午（1870）二月二十八日，"题伯寅瘗鹤铭精本，'华亭''华'字露大半，'裹'字、'藏乎'字皆有，盖精拓也"。伯寅，即潘祖荫。瘗鹤铭残石康熙年间出水后，其墨拓版本的鉴定实际上一直存有问题，未成定论。翁同龢所说的这些字，其实均不能成为考据点。如何鉴定拓本的早晚，以及具体考据点的探讨，可参见拙文《谈谈瘗鹤铭残石水前拓本》《关于瘗鹤铭水前拓本考据点的若干补充》（载《书法丛刊》2020年第4期、第6期）。

九成宫醴泉铭。同治元年壬戌（1862）八月二十日，"于尊古斋重见去岁所观醴泉铭，有南斋诸公题跋者，是数本合成，佳者圆厚飞动，余多纤弱矣。'推而弗有'，'推'字缺；'百姓为心'，'姓'字缺；'绝后承前'，'承'作'光'；末行'欧'字作'点'"。同治八年己巳（1869）二月七日，"是日得见懋勤殿所藏诸帖，惟醴泉铭一册最佳，有金字图章。寿阳相国题余帖，以为神游象外者也。自余视之，终觉其薄，'欧'字末作点，'乾'字中有小直"。翁同龢所说"推""姓""承""欧""乾"诸字，现今均非用作考据点，已为定论。

集王书三藏圣教序。同治八年己巳（1869）六月十六日，"借得兰孙处汝帖、旧拓圣教序书，皆瑛香岩物。圣教疑断后补缀之本，字皆编锋，'内圣''圣'字已损，略有仿佛耳"。据最新研究成果，翁同龢所谓"内圣"之"圣"，亦非考据点。

（2022年5月23日）

吴大澂的访古、鉴古与传古

经过白谦慎先生十数年的学术努力，晚清金石家吴大澂的研究已成为显学。其中，苏州博物馆李军先生得乡贤文献之便，多有搜讨，累积数十万字相关材料，已出版《吴大澂日记》，待出版《吴大澂书信集》《吴大澂诗文集》等，成就斐然。近得李军先生馈赠《结古欢：吴大澂的访古与传古》一书（浙江人民美术出版社 2022 年）（图 8），读后有所感想，援笔拉杂成此读书记。

八年前，李军先生著《访古与传古：吴大澂的金石生活考论》一书，将吴大澂的金石生活归纳为"访古：西北之行及其余波""寄托：绘画与《访碑图》""衍变：《集古图》与传古之术"三章，基本涵盖了其金石成就之全部。新著沿袭此框架，书名则改以《结古欢》，将"访古与传古"

图8

作为副标题，用李军先生的话来说则是（《结古欢：吴大澂的访古与传古》，第7页）：

> 吴大澂从意气风发的青年，变成暮气沉沉的老者，金石、书画伴随着他的宦海浮沉，无论带来的是欢欣，还是落寞，都给予了他极大的慰藉，因此，不妨用"结古欢"来概括他的一生。

古欢，即访古、鉴古、传古。新著第一章"访古：西北与岭南之行",较之旧著,虽然增加了岭南之行与《十六金符斋印存》刊行,在笔者看来,西北之行可以构成其访古之全部内容,哪怕离开西北之后,通过代理人,这样的活动仍在继续(前书第45页):

> 从东北到西北,远隔千山万水,作为收藏家的吴大澂,离开了陕甘之地后,他的访古活动通过在西北寻找可靠古董商作为代理人,利用信函、器物拓片以及官递、票号的方式,得以延续。这种方式,在今天看来效率无疑是相对低下的,但可以说是那个时代访古最便捷且有效的途径。正是作为收藏家的金石学家和作为商家的古董商建立了良好的合作关系,才帮助吴大澂、陈介祺这样的学者,达成了持续数十年、横跨数千里的访古活动。

而鉴古,新著增加了吴大澂书画鉴藏方面的内容,并将之与《访碑图》的创作联系起来,认为白谦慎先生将之归结为吴大澂直接得益于翁方纲、黄易的观点或可商榷,而吴大澂《访碑图》的源泉可能更早(前书第115、172-173页):

> 白谦慎先生曾在《吴大澂和他的拓工》一书中,用"访碑传统及黄易对吴大澂的影响"一章,对吴大澂与黄易的关系加以讨论,首次通过访碑图这一体材,将吴

氏对黄易画作的喜爱与临摹，置于清人访碑传统之中，认为"他的访碑活动、《访碑图》、金石研究都是直接得益于翁黄的启示"。尽管叶昌炽《语石》对"访碑图"的记述，就举沈涛《河朔访碑图》、黄易《嵩洛访碑图》为例，谓"此两图皆至宝也"，但在中国古代绘画史上纪游图的主题，早已有之，吴大澂对黄易绘画的喜爱，是否与两人在金石学上的传承存在内在关联，仍有深入讨论的余地。

黄易的纪游图系列，作为绘画史上的一个母题，其源头并不是黄氏。不可否认，据白谦慎先生所论，这些《访碑图》在绘画方面对吴大澂有所影响，但同样的影响也反映在黄氏其他的山水画上，所以片面强调《访碑图》这一载体，甚至黄易这一个体对吴大澂访古活动的影响，似乎不无勉强之处。

武梁祠固然是清代学术史上的一个伟大发现，它奠定了黄易在清代金石学史上地位。但是，黄易一生的研究重心集中于石刻，青铜器、金文尚居于其次。他的《访碑图》《得碑图》《访古纪游》等一系列作品，都以"石"为中心。而吴大澂的访古活动与之不同，重心在"金"，并兼及玉、石、陶、泥，所以他的纪游图，严格意义上来说，应称作"访古图"，或者是"吉金图"。

在临摹黄易访碑图之前，吴大澂已自拟访碑图了。现存上海图书公司《嵩山太室石阙铭》册前有吴大澂《嵩洛访碑图》一帧，为"郑斋索画"，据李军先生考证（前书第 151 页）：

> 沈树镛卒于同治十二年（1873），得此石阙铭于同治五年（1866），因此吴氏画此嵩洛访碑图必在此数年间，当时他可能耳闻黄易有《访碑图》之作，却尚未见到其中的任何一本，故此嵩洛访碑图应该出自吴大澂自拟之作。同治末年，在亲眼看到黄易《嵩洛访碑图》之前，吴大澂已独自创作嵩洛访碑图，这应该未受到黄易《访碑图》的直接影响。

无独有偶，吴大澂另有《岱顶扪碑图》赠沈树镛，见拙著《吴大澂琐论》"吴大澂曾另予沈树镛绘制过访碑之类的图画。见《恒轩日记》：同治八年（1869），五月二十五日，'为均初画《岱顶扪碑图》'。这可能也是有案可查的吴大澂最早绘作的访碑图了，看来他这样的艺术冲动由来已久"云云（上海人民出版社 2019 年，第 155 页）。可以断定，吴大澂为沈树镛所作《嵩洛访碑图》与《岱顶扪碑图》应在同一时期，均在学习及临摹黄易《访碑图》之前。

说吴大澂鉴古就离不开说他的收藏，鉴古与收藏两者通常联系在一起，即鉴藏。众所周知，吴大澂的金石收藏集中于吉金，"犹南田之不画山水以避石谷"，而吴大澂则避沈树镛（李著第150—151页）：

> 吴大澂本人访古、传古的方向，从一开始的刻石逐渐转向吉金。吴大澂在为沈树镛所作《汉石经室金石跋尾序》（即《郑斋金石题跋记序》）中说道："余尝戏谓韵初日君专收石刻，我癖嗜金文，犹南田之不画山水以避石谷也。"正是这个南田避石谷的思路，为吴大澂日后访古、传古活动指明了方向。在他所遗留下的古物与著作中，不乏在西北所得的碑刻原石，但相比吉金而言，无疑是不能相抗衡的。对于《访碑图》的日思夜想，百计搜求，也是他对访古活动的热衷，其意所在，实非碑刻。

所以，吴大澂的传古多为吉金，无论是早期的《恒轩所藏所见吉金录》，还是晚期的《集古图》《集古录》，均如此。虽然新著增加了"《承华事略补图》编印与观念、技术之兴替"一节，吴大澂的传古当以制作《吉金录》《集古图》《集古录》等为主。《吉金录》是吴大澂早年刊刻的，采用双钩手摹上板的方法，晚期的则是《集古图》《集古录》。关于《集古图》，新著写道（前书第174、203页）：

> 吴大澂所装治的《集古图》长卷，在令人眼前一亮的同时，也反映出吴氏虽然继承了黄易、戴熙绘画上的

法乳，但在访古纪游的道路上，却在努力跳出黄易所留下的传统。

《愙斋集古图》之组成要素，若去掉卷前吴大澂的小像，其形式则近于乾嘉以降盛行的《吉金图》。《吉金图》的形式并不一致，有的是刻木上板，刷印装订成册（如陈经《求古精舍金石图》，书前有藏家小像），有的是勾勒上石，拓墨装裱成卷册（如曹载奎《怀米山房吉金图》）。整个制作、出版过程中最重要的环节，是将三维立体的器物，转化成二维平面图。

显然，传古具体方法有二，据吴大澂致陈介祺尺牍，一仿《宣和博古图》，即双钩法；一全角拓本，即"依器绘图"。此处"绘图"，即拓墨成图，而非手绘之意。除了具体绘制方法不同外，以吴大澂为例，一般说来，金石家制作的吉金图与集古图两者的区别，从形式上看：后者绘有人物，并有鉴赏古器物场景，后接拓片，而前者单单是古器物，多钩刻上板。

吴大澂早年的《恒轩所藏所见吉金录》用的是双钩法，晚年设想用墨拓法作一巨观，如吴大澂致陈介祺尺牍中"大澂拟将所见吉金陆续摹绘付梓，未见原器者，仅刻款识，别为一卷。敝藏各器，又为一卷，合南北各省知交藏器，集一巨观"云云。可惜计划落空，其晚年代表作《愙斋集古录》是为未完成稿，身后由他人编辑而成，至于《集古图》也似乎未按计划全部完成，也未全部传世。

吴大澂所作《访碑图》，是将绘画与访古结合起来，而到晚年，《集古图》则是将墨拓与自己的收藏结合起来。李军先生在新著中写道（前书第204页）：

> 吴大澂本人虽精于此道，但放任外官后，公务繁忙，故将摹拓、钩描等技术活，转命幕僚代劳，所以在吴大澂幕府中，除了日常司钱粮、笔札的西宾外，还有一群富有经验的技术工幕僚，才促成了吴氏所特有的《集古图》。它代替《访碑图》，成为吴大澂晚年金石生活中的风雅宠儿。

最后附带探讨一下资料文献（包括名家题跋）的评价征引及舍取问题，具体事例是新著中吴大澂西北访古所见之重器大盂鼎。李军先生书中写道（前书第14、15页）：

> 吴大澂在西北所见青铜器中，最著名的重器，应是当时尚在袁保恒处、后归攀古楼的盂鼎。袁氏（1826—1878），字小午，号筱坞，河南项城人。袁甲三之子，袁世凯的叔父。道光三十年（1850）中进士，先后佐李鸿章、左宗棠幕府数十年，深得左氏倚赖，袁氏将盂鼎献与左宗棠。同治十三年（1874），大鼎经左氏之手，送入京师，赠予对他有恩的潘祖荫。

并加附注（前书第 15 页）：

关于盂鼎从左宗棠转归潘祖荫，苏州博物馆藏盂鼎铭拓一轴，上有光绪三十二年（1852）吴昌硕题，言其原委与一般说法略异："是鼎最初为袁某所得，久庋华山庙中。左文襄督陕，吴潘文勤移书索之，不可得。及入觐，复以为言。文襄乃出白金三千缗，命师徒轝致都中。"据吴昌硕言，则鼎为潘祖荫屡次索要而得，非左宗棠主动赠送也。

实际上，关于左宗棠赠潘祖荫大盂鼎之来龙去脉，已基本厘清，当年潘祖荫、左宗棠、袁保恒之间往来信函已证实袁保恒是受左宗棠之托购置的。潘祖荫初读大盂鼎拓片，"疑为不类"，故左宗棠只得让袁保恒将鼎"留之关中书院"，甚至可以出卖，"其价则弟任之可也"。后潘祖荫改变态度，致书左宗棠"亟盼盂鼎之至"，左宗棠这才将鼎"轝至都中"。详细情况可见《左宗棠全集·书信二》有关信函。因此，吴昌硕题跋所言似道听途说，不足为论。

（2022 年 8 月 15 日）

王仁俊《金石三编》中的"匋斋藏石记"

　　晚清苏州人王仁俊（1866—1913），博览群书，涉猎甚广，时为著名的史学家、目录学家和金石学家。其《金石三编》稿本，现存上海图书馆，2008年复旦大学出版社《上海图书馆未刊古籍稿本》凡六十册，以及2016年上海书画出版社《金石学稿钞本集成二编》凡三十册，均全帙影印辑入（图9）。

图9

王著名曰"三编"，示续王昶《金石萃编》、陆耀遹《金石续编》之意，但体例稍有不同，所收金石皆不录原文，多采自前人群籍之题跋，是种文献汇编，而非如王昶、陆耀遹那样是源自本人所藏拓本。不过，王著中亦录有其本人经眼拓本之题跋，尤其源自"匋斋藏石记"的题跋甚多，且不同于石印本《匋斋藏石记》所载者，非如这两次影印出版之《解题》所说王著"不免有贪多务得的通病，如《匋斋藏石记》为石刻专著，规模颇大，本书选录了不少，即无必要"。相反，这部分内容是较有价值的。

此"匋斋藏石记"非彼《匋斋藏石记》。首先，后者所载之原石皆端方所藏，前者则不限于此，当为端方幕中碑刻鉴赏家跋于拓本者。其次，前者为王仁俊录自多年经眼拓本之手迹，后者则由况周颐、龚锡龄、李详和陈庆年在短时间内，据端方藏石七百余种，集中校勘编定。

王著《金石三编》，标明采录自"匋斋藏石记"者，计六十四种。其中，《匋斋藏石记》无，即原石非端方所藏者，计二十五种。此二十五种与其说是"匋斋藏石记"，还不如说是"匋斋藏拓记"。详目如下：

汉厉王中殿刻石；汉群臣上寿刻石；汉阳嘉残石；汉阳嘉程仲石刻；汉阳嘉王伯石刻；汉封龙山颂；汉高君阙；汉樊敏碑；汉昌阳刻石；汉司马长元石阙（即上

庸长残字）；汉晋杨绍卖地莂等十三种；汉武氏石室画像题字；汉律令残石；汉长生未央砖文；汉千秋万世砖文；汉昌游造像；汉沂水凤皇题字；晋爨宝子碑；前秦邓太尉碑；北朝唐小虎造像；北朝杜德之造像；北朝造世尊像；北朝周霙造像；宋米芾焦山摩崖题名；金刘处中墓碣铭。

又，《匋斋藏石记》存，即原石为端方所藏，但文异，计三十九种，可与《匋斋藏石记》所载互补。详目如下：

汉阳三老石堂题字；汉文叔阳食堂题字；汉□郡太守功德刻石；汉杨叔恭残石；汉更封残石；汉征羌侯张君残碑；三国魏曹真碑；南朝宋刘怀民墓志；大代僧欣造像；北魏刘未造像；北魏高洛周造像；北魏胡俨贵墓砖铭；北魏翟蛮造像；北魏吴高黎墓志；北魏法义造像；北魏贾瑾墓志；北魏法义兄弟二百人造像；东魏刘惆造像；东魏唯郍造像；东魏刘霙周造塔；东魏法仪造像；东魏蔡儁碑；东魏王戢郎造像；东魏陈瑜造像；北齐季宗晖宗造像；北齐法仪兄弟八十八人造像；北齐皇甫琳墓志；北齐秦疸伽造像；北齐董□造像；北齐宋买造像；北齐刘忻墓志；北齐郑子尚墓志；北周赵富洛造像；隋僧修□造像；隋元英墓志；隋张贵男墓志；唐果毅□□基等造像；唐安令节墓志；唐波斯国阿罗憾墓志。

如上录文多失跋者姓氏，但显然皆跋于端方幕中。如云"匋斋尚书以旧拓本见示，漫为识之"（汉群臣上寿刻石），如云"匋斋尚书此本楮墨甚精，当与原石已之潘宗伯李苞等刻并视之矣"（汉阳嘉残碑），如此等等，不一而足。虽均失署名，但无疑端方属之。

《金石三编》作为稿本，难免条目体例不一，并有后补。如稿本末存杨守敬、李葆恂跋日本造多贺城碑及法隆寺造像记文字，杨云"为陶斋尚书详考之"，李云"观陶斋尚书此本为之"，虽未标明源自"匋斋藏石记"，可依然应纳入端方属题之列。据稿本牌记（如图9），《金石三编》成于光绪二十七年（1901），杨李二者跋记作于此后一年，即光绪二十八年（1902），当后补入。

在标明源自"匋斋藏石记"者中，亦出现后补入者，如汉杨绍买地莂等十三种之李葆恂跋记，亦作于光绪二十八年（1902）。尽管如此，《金石三编》形诸文字也要早于《匋斋藏石记》。即使同一种条目内容，文字也与后书完全不同。据龚锡龄序，《匋斋藏石记》况周颐、龚锡龄、李详和陈庆年四人录文始于光绪三十二年（1906），历时两年，于光绪三十四年（1908）成书四十四卷，石印刊行于宣统元年（1909）。

虽然拍场近些年来释出不少存有幕中金石鉴赏家题跋

的端方旧藏拓本，各地馆藏此类拓本亦有见于出版物者，但《金石三编》这部分源自"匋斋藏石记"的文字，原墨本多存佚不详，今人无以得见，文献价值凸显。撇开跋者应酬溢美之成分不论，就研究《匋斋藏石记》的形成及端方碑拓的收藏，乃至近代关于碑版的考据而言，王氏稿本中这部分内容应是很有价值的。试举两例说明。

例一，李葆恂跋曹真碑云：

> 曹真碑，道光二十三年（1843）刘燕庭方伯得此碑于长安西门外，徐星伯、沈朗亭并有考释，定为曹子丹碑无疑。惜武侯，石为土人断去。然亦以见天理，人以之不泯，以魏为正统，书蜀入寇者者，固未为允也。此石今归匋斋尚书阔石图堪，顷承以此本出示，乃初（出）土时未断本，今希有矣。"蜀"字下一字或云"寇"或云"贼"，恂曾见燕翁手拓本，已不可辨，非新断也。

此跋虽端方所倩，但李氏不以此为限而结合所见刘喜海初拓本，说明曹真碑"蜀"字下一字早已损泐殆尽，以证"贼"字或"寇"字应不是考据点，难怪这些年来从未有人见过存有"贼"字或"寇"字完好之本。又，阔石图堪，应为端方一不为常人所熟悉之斋号。"阔石图"又作"库舍图"，蒙古语"碑"的意思；"堪"通"龛"。如唐贞观年间,左将军姜行本破高昌,在哈密天山岭上立一纪功碑,此后该地被称为"库舍图达巴"或"库舍图达阪","达巴"或"达阪"即"岭"的意思,故称"库舍图岭",即碑岭之意。

例二,佚名跋爨宝子碑,并附邓尔恒致桑春荣书云:

> 爨宝子碑,乾隆戊戌已出土,而阮文达竟不获见,咸丰二年(1852)邓文恪始发出之,神物显晦信有时哉。此匋斋尚书藏本,乃文恪拓寄桑百斋尚书者,札末署七月二十七日。按,文恪碑尾镌跋云"咸丰二年秋七月",正在是月甫得石未镌跋时所拓,信为此碑中墨本第一。

> 公得此本于京师,福山王文敏见之,喜为署检。庚子七月拳民之变,文敏竟以身殉,大节凛然,与文恪后先辉映,盖为此拓增重,异日流传不减文信国之玉节生矣。珍重珍重。

> 附录邓文恪公致桑百斋尚书书:曲靖以修县志,于南城得爨太守宝子碑,较陆凉爨龙颜碑,早五十七年,而字画完好不泐,尤为可贵。坿呈二分用供清玩。侍恒拜上,七月廿七日。

跋中,邓文恪即邓尔恒,邓廷桢之子,时为曲靖知府;桑百斋即桑春荣,时为云南布政使,是邓之上司。邓致桑书所记与碑文后邓刻跋是一致的：

> 碑在郡南七十里杨旗田，乾隆戊戌已出土，新《通志》载而不详。近重修《南宁县志》，搜辑金石遗文始获焉，遂移置城中武侯祠。考晋安帝元兴二年壬寅改元大亨，次年仍称元兴二年，乙巳改义熙。碑称大亨四年乙巳，殆不知大亨年号未行，故仍遵用之耳。仪征阮文达师见爨龙颜碑为滇中第一石，此碑先出数十年而不为师所见，惜哉！抑物之显晦固有时欤？晋碑存世者已鲜，兹则字画尤完好，愿与邑人共宝贵之。咸丰二年秋七月，金陵邓尔恒识。

该书及该跋说明爨宝子碑未有早期拓本存世，咸丰初年当最旧也。此与方若《校碑随笔》所云"碑乾隆四十三年戊戌出土，未见尔时拓本，最旧者在移置以前为邓尔恒所拓，故无咸丰二年七月之跋"，是一致的，且彼此补充，两者共同编织出该碑传拓历史的一条线路。而张彦生《善本碑帖录》云"见初出土拓本，拓墨精，字完整"，似语焉不详。

在端方一众幕友中，碑帖鉴赏以李葆恂、王孝禹、张祖翼、褚德彝为上流，代表着晚清民国的最高水平，惜乎他们的金石跋尾散见于各类拓本中，难以汇总，不易寻见，而若能将文字累积成卷，无疑嘉惠学林。四人中，题跋文字唯一形诸书卷，并业已刊行者是李葆恂之《三邕翠墨簃题跋》，有民国壬戌（1922）刻本存世，为其子李放据家藏手迹辑录锓梓。该书四卷，卷一金石，卷二、卷三、卷四皆书画。卷一除少量金文、印文外，主要是碑帖题跋，计四十一种，详目如下：

张寿碑；楼护碑；武梁祠画像题字；重摹娄寿碑；白石神君碑；三公山碑；益州太守碑；启母石阙；石门颂；史晨碑；孔宙碑；封龙山颂；三老碑；礼器碑；曹全碑；郭有道碑；乙瑛碑；谷朗碑；爨宝子碑；颍上兰亭；广武将军碑；瘗鹤铭；重刻崔敬邕墓志；贺兰汗造像；智永千字文；麟德造像；孔子庙堂碑；翁刻庙堂碑；任令则碑；灵岩寺碑；云麾将军碑；重摹法华寺碑；重刻东林寺碑；文安县主墓志；灵飞经；重刻颜真卿李玄靖碑；重刻张司直李玄靖碑；韩仲良碑；黄庭坚南浦题名；鲜于枢游高亭山记；董其昌正阳门碑。

王著《金石三编》所录"匋斋藏石记"中，文字有署名者以李葆恂的最多，计十一种：群臣上寿刻石；杨叔恭残碑；封龙山颂；高君阙；樊敏碑；昌阳刻石；司马长元石阙（即上庸长残字）；杨绍买地莂等十三种；曹真碑；

邓太尉碑；日本法隆寺造像记。其中，仅封龙山颂见于《三邑翠墨簃题跋》，但文异；其他十种，无。两者相合，李氏碑帖题跋可初具规模。

（2022 年 2 月 11 日）

民国间安国宋拓本的出现及对其的怀疑

　　明安国藏石鼓文及泰山刻石宋拓本，计五本，现均在日本，分别是石鼓文先锋本、中权本、后劲本，以及泰山刻石一百六十五字本、五十三字本。据说"抗战前，此三本（石鼓文）悉为日本人三井购去"（《俞鸿筹日记》下册，凤凰出版社 2022 年，第 566 页）。安国藏本于民国年间横空出世，经陆续影印出版后，渐渐为人们熟知。尤其是石鼓文因郭沫若研究论文的发表，备受关注，并旁及安国所藏其他的宋本。据 1954 年郭沫若《石鼓文研究弁言》的回顾（图 10）：

　　　　一九三二年秋，我在日本东京文求堂书店看到一套拓本的照片，共四十二张，并无题跋。后来才知道这就是后劲本的照片，是三井的儿子借给朋友看，流散在外的。我见到这套照片，曾写成《石鼓文研究》一文，收入《古代铭刻汇考》内，以一九三三年秋在日本印行。我又把照片寄回国内，由马衡、唐兰二氏负责印出，当时误信耳食之言，曾以之为“前茅本”。和这套照片的发现约略同时，上海艺苑真赏社把中权本印行，但妄把“权”字磨改为“甲”字，冒充“十鼓斋中甲本”，书后长跋被删去，以掩其作伪之迹。（郭沫若《石鼓文研究诅楚文考释》，科学出版社 1982 年，第 8 页）

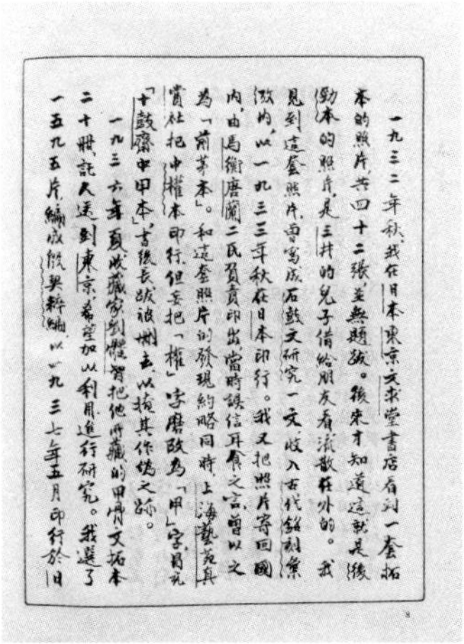
一九三二年秋，我在日本東京文求堂書店看到一套拓本的照片，共四十二張，並無題跋。後來才知道這就是後勁本的照片，是三井的兒子借給朋友看流散在外的。我見到這套照片，曾寫成石鼓文研究一文，收入古代銘刻彙攷內，以一九三三年秋在日本印行。我又把照片寄回國內，由馬衡、唐蘭二氏負責印出，當時誤信耳食之言，曾以之為「前茅本」。和這套照片的發現約略同時，上海藝苑真賞社把中權本印行，但妄把「權」字磨改為「甲」字，冒充「十鼓齋中甲本」，書後長跋被删去，以掩其作偽之跡。

一九三六年夏，收藏家劉體智把他所藏的甲骨文拓本二十冊，託人送到東京，希望加以利用，進行研究。我選了一五九五片，編成殷契粹編，以一九三七年五月印行於日

图 10

1933 年郭沫若《石鼓文研究》一文影响极大，使这些安国宋拓本，逐渐为国内学者所知。另外，上海艺苑真赏社、中华书局和商务印书馆先后影印了安国宋拓本，也产生不小的影响，如钱玄同就对那本《泰山刻石》评价甚高。据 1932 年 11 月 14 日钱氏日记：

今日购得影印无锡安氏所藏北宋拓本泰山刻石（四元）一百□□□字本，取绛帖之泰山碑图对之，尚多数字，此实珍品，得此方见秦刻石之真相。琅邪模糊，且亦止有二世诏，所谓泰山四十字本、二十九字、十字本皆只有二世诏。会稽系临本，峄山真伪尚难定（欧阳已疑之），即真，亦临本。碣石全系赝品。此泰山刻石文存十之八，可宝也。（《钱玄同日记》中册，北京大学出版社2014年，第890页）

上揭郭沫若弁言有"和这套照片的发现约略同时，上海艺苑真赏社把中权本印行"云云，那具体是在什么时候呢？据桑椹先生提供的信息，此本1926年10月初版，书名为《周石鼓文（明锡山安氏十鼓斋藏第一本）》。据此线索，经笔者考察，发现实际上此时并非真正意义上的"初版"，此本早在1918年艺苑真赏社就影印出版了，名为《周石鼓文（古鉴阁藏宋搨本）》，存安国跋。后来出版时，如郭沫若所言"书后长跋被删去"。此外，经笔者检视，1926年出版时还在册前增加一页，存安国篆书"周宣王石鼓文，十鼓斋中甲本"及其印鉴六枚；册后增加一页，亦存安氏印鉴。另见艺苑真赏社又将此本名为《周石鼓文（明锡山安氏十鼓斋藏宋拓本）》出版，时间不详。艺苑真赏社出版物之混乱，可见一斑。

1935年8月，中华书局影印出版宋拓石鼓文，即后劲本，册后存唐兰长跋，可与郭沫若弁言相互印证，并涉及安国本的发现及流转，节录于此：

按安氏收藏之富，有声晚明。既雄资财，又精鉴赏，与同邑华夏中甫最善，华氏即刻真赏斋法帖者也。安氏所藏石鼓旧搨凡十，因号为十鼓斋。而此前茅本及中权、后劲三搨实为之冠。后以诸搨精者，缄固一奁，置于天香堂梁际。道光时，其后裔拆售天香堂，因发见诸搨，旋入邑人沈梧旭庭之手，梧尝作《石鼓文定本》，署古华山农。或云由沈氏之介，质钱四十万，辗转流入市侩手。遂以此前茅本售于东瀛，得万金。而中权本，经印行者诡易"权"字为"甲"，剜改之迹甚显，又割去安氏长跋，故诸搨原委今不能尽详也。前年，友人郭鼎堂氏自日本遗书，告以得见前茅本，尤胜于中权本。（郭君著述中称先锋，中坚乃误记）。予方自怅其不得见，会有挟搨景本求售者。寻绎之，即此前茅本，但惜无跋语耳。一日燕集，座有马叔平、徐森玉诸氏，谈及此搨。诸先生并海内真赏，矜此奇宝，咸主设法保存。盖原墨已不可见，此与孤本无殊矣。数百年来，仅张、阮等数人得见天一阁本，钱辛楣称张氏云：好古之士，得见北宋搨

87

本于七百余年之后，厥功伟矣。今一旦得见北宋搨本两种，且远出天一本上，其有裨于学者之研索，书家之临摹，为何如哉。其中权本虽已印行，然远不如此本之古。盖刻石当以此雍邑为最古，而雍邑搨本当以此前茅本为最古，谓为第一祖搨可无愧焉。（《北宋拓周石鼓文》，中华书局 1935 年 8 月初版；《唐兰论文集》第 2 册，上海古籍出版社 2018 年，第 425 页）

又存马衡跋文：

> 后劲本未见，中权本及七本之一，皆经秦绸孙君先后印行。此前茅本，最初为郭鼎堂君所称述，而唐立庵君不知于何处得此摄复印件，亟取中权本校之，仅而师一石少四字，其余皆胜于中权本，盖剪装时所截去者也。（《北宋拓周石鼓文》，同前；该跋文后修改为《明安国藏拓猎石碣跋》，删去"秦绸孙君""郭鼎堂君"等语，见马衡《凡将斋金石丛稿》，中华书局 1977 年，第 177 页）

显然，此印本即郭沫若所谓"把照片寄回国内，由马衡、唐兰二氏负责印出，当时误信耳食之言，曾以之为前茅本"者也。至此，三本宋拓石鼓文已有两本出版。又据桑椹先生告知，1939 年 7 月商务印书馆以《宋拓石鼓文》为名影印了先锋本，至于安国藏泰山刻石一百六十五字本和五十三字本，则早在 1919 年 10 月及 1921 年 6 月就分别由艺苑真赏社冠以"北宋拓本"之名影印出版了。这些出版物对所谓安国藏宋拓本的推广，虽然影响很大，但民国时即有人对这些宋拓本表示怀疑。

1936 年，唐兰曾对中华书局印本后的长跋增删修改，成《前茅本北宋最早搨汧阳刻石跋》一文，发表在报刊上，两者稍有差别，曰：

> 中权本既印行，以其远出天一本上，庸耳俗目，骤睹佳搨，谓不当有，便疑为赝。余尝问诸锡人，颇知源流，决其非伪。既而郭沫若氏，自日本遗书，告以得见前茅本，尤胜于中权本。（天津《益世报》第三张《读书周刊》第九期，1935 年 8 月 1 日；《唐兰论文集》，同前，第440 页）

可见，虽然唐兰一再强调安国本石鼓文"决其非伪"，但也透露出已有人"疑为赝"。此后，对安国藏宋拓本及其艺苑真赏社的印本，怀疑者仍然有增不减，有些甚至是知名的学者、鉴赏家和收藏家。一如余绍宋，作为书画家、鉴赏家，他没有直接针对影印之底本，而是认为艺苑真赏社碑帖印本大有问题，怀疑人为做过手脚，多不可信，并直接提到了安国藏泰山刻石宋拓本：

会稽刻石裱成，以校上海秦氏所影册，乃觉影册大谬，非但点画有异，而风格亦大不同，影册实甚拙劣，此拓乃易得之物，不知秦某何缘不知而用此劣本以误人也，总之该店（艺苑真赏社）所影碑帖大半不可信。（《余绍宋日记》1936 年 2 月 10 日，中华书局 2012 年，第 5 册，第 1336 页）

始临泰山碑，上海艺苑真赏社出版者，此社出版之品多不可恃，是碑究有涂改增饰之处否，苦无别本校对也。（《余绍宋日记》1936 年 4 月 17 日，同前，第 1347 页）

泰山碑，即泰山刻石。余绍宋明确指出艺苑真赏社影印之所谓宋拓本多有涂描。

再如吴湖帆，作为碑帖收藏家、鉴赏家，其日记不仅详细记载了安国本在清代的流传，而且涉及民国间无锡秦氏经手售之日本及其印本的相关事迹，节录于此，见《丑簃日记》民国二十六年（1937）三月五日：

马叔平衡来，谈安桂坡所藏宋拓石鼓金文十部，第一部拓最精绽，惜残字已剪失，安题曰"前茅本"。第二部拓最完善，存字最多，安题曰"中权本"。第三部拓于中权之前，较先锋存字为多，曰"后劲本"。此三种皆比天一阁范氏本为前远甚。第三部至第十部七部以次而下，然亦与天一阁本伯仲，或在前在后。皆存于安氏祠堂區额后，藏以铁柜，安氏后人不知，以屋辗转让人，至道光时为某人所获，旋全套押于吴江沈旭庭梧（号古华山人），写明永久勿失。沈梧初有《石鼓文定本》之著作，成于未押之前，及得安氏本后，悔已成书，欲重改前作，未竟而卒。今前三本（即先锋、中权、后劲）为秦炯孙文锦所见，经手以五万元售于日本三井洋行，当时摄有照相，以中权本改为甲权本印出（即今艺苑真赏社有售者），其他二种仍秘不示人，不知后七种是否亦在秦处，不得而知。又云秦同时复得宋拓泰山一百六十九字本，今藏于家，为秦氏四宝之一。今后劲本马氏得日本照相底片，合股为中央研究院收之，费一千日元为版权。先锋本照底为沈尹默购归，中央研究院预备印之。此皆吾国古拓之珍闻云。（《吴湖帆文稿》，梁颖编，中国美术学院出版社 2004 年，第 58、59 页）

但是数日后，即该月八日，经检视中华书局及上海艺苑真赏社印本，吴湖帆对这批东西即有怀疑，认为是翻刻，而马衡可能受到了人为的欺骗。见《丑簃日记》该年三月八日：

> 购得中华书局出版之石鼓先茅本及艺苑真赏社出版之石鼓中权本二则，晚间与陈子清细勘，颇疑翻刻，前

日马叔平之说或马氏亦有受给可能云。(《吴湖帆文稿》，同前，第60页）

民国末年，即 1948 年 2 月 9 日，《新夜报·上海文献》发表了陈乃乾《石鼓因缘》一文，谈及迄明中叶露香园主人顾从义，经张燕昌、徐紫珊至民国，历数上海与石鼓文之因缘际会，认为由上海售之日本的是"假宋拓本"（文中陈先生将锡山安氏误为锡山华氏）：

> 民国初年，上海市肆中发现北宋拓石鼓文，谓是锡山华氏旧藏，日本人以重金购去。或谓即张芑堂用宋纸古墨所拓，而贾人再用旧纸加装潢而成。统观数百年中，真宋拓本曾为顾氏收藏，假宋拓本由上海出国，翻宋刻石从海盐移到上海而遭毁灭，石鼓砚则在上海一刻再刻，宋本神髓，卒赖隋轩木刻而流传，石鼓之于上海，洵有缘哉。（《陈乃乾文集》上册，国家图书馆出版社 2009 年，第 148、149 页）

陈乃乾先生，非专门的金石学者、碑帖鉴赏家，乃文献学家、编辑出版家，他的看法或代表其业界内一部分人的观点。

（2022 年 10 月 20 日）

玩物立志：读《启功丛稿》

　　《启功丛稿》计论文、题跋、艺论和诗词四卷，自20世纪80年代陆续出版以来，学界颇多需求，早已售罄，广受欢迎。对于自己写的这些文章，在1981年春，启功先生曾作《沁园春》一首自嘲：

　　　　检点平生，往日全非，百事无聊。计幼时孤露，中年坎坷，如今渐老，幻想俱抛。半世生涯，教书卖画，不过闲吹乞食箫。谁似我，真有名无实，饭桶脓包。

　　　　偶然弄些蹊跷，像博学多闻见解超。笑左翻右找，东拼西凑，繁繁琐琐，絮絮叨叨。这样文章，人人会作，惭愧篇篇稿费高。收拾起，一孤堆拉杂，敬待摧烧。

　　　　（《启功丛稿》初版前言，《启功丛稿·题跋卷》）

图11

近十年前，笔者尝与范景中先生赏鉴旧拓《孙过庭书谱》并请益版本之学，先生示《启功丛稿》一册，指出启功先生有"清安岐得墨迹本，精摹木板，当墨迹影印本未流行时，此搨最称善本"云云。此为笔者关注《书谱》拓本之始，亦是研读《启功丛稿》之始。2022年夏秋之交，中华书局在成立110周年及启功先生110周年诞辰之际，将《启功丛稿》四卷改版重印（图11）。是书之重要性，如柴剑虹先生《出版缘起》所述："记得启功先生当时高兴地跟我及其他书局同仁说：'我有了书局这四本丛稿，可以不出全集啦。'"

日前再读《启功丛稿》，偶发几点感想，叙述于此，与大家分享。作为书法家、学问家和收藏家，启功先生倡导私藏，在他眼里，私藏是公藏的基础，具体以故宫博物院书画收藏为例，涉及清初至乾隆书画的收藏史：

谁都晓得，论起我国古代文物，尤其是古代书画，恐怕要属北京故宫博物院收藏的最为丰富了。它的丰富，并非一朝一夕凭空聚起的，它是清代乾隆内府的《石渠宝笈》所收为大宗的主要藏品。清高宗乾隆皇帝酷好书画，以帝王的势力来收集，表面看来，似乎可以毫不费力，其实还在明末清初几个"大收藏家"搜罗鉴定的成果上积累起来的。那时这几个"大收藏家"是河北的梁清标、北京的孙承泽、住在天津为权贵明珠办事的安岐和康熙皇帝的侍从文官高士奇。这四个人生当明末清初，乘着明朝覆亡，文物流散的时候，大肆搜罗，各成一个"大收藏家"。梁氏没有著录书传下来，孙氏有《庚子销夏记》，高氏有《江村销夏录》，安氏有《墨缘汇观》。这些家的藏品，都成了《石渠宝笈》的收藏基础。（《故宫古代书画给我的眼福》，《启功丛稿·艺论卷》，第 131 页）

启功先生的个人收藏以古代书画及碑帖为主，他的学问除了古代诗词之外，也主要在古代书画及金石碑帖的考证领域。关于金石之学的具体划分，启功先生曾经有考证与赏玩两派之说：

世称金石之学有二派：王兰泉派重考证，翁覃溪派重赏鉴。余谓金石搨本亦有二类：其一类，搨时较早，字数偏多，上者可以助读文词，订正史实；次者可供夸扬珍异，炫诩收藏。其二类，则捶搨精到，纸墨调和。

95

上者足助学书者判别刀锋，推寻笔迹；次者亦足使披阅者悦目怡心，存精寓赏。（《旧搨瘗鹤铭跋》，《启功丛稿·题跋卷》，第253页）

另见启功先生关于金石学之三派（鉴藏家、考据家、著录家）的说法：

金石之学，乾嘉以来弥盛。石之存佚，字之完损，察人毫厘，价腾金玉，此鉴藏家也，以翁覃溪为巨擘。博搜曲证，贯穿经史，论世知人，明如龟鉴，此考据家也，以钱竹汀为宗师。至于收集编订，广罗前人考证之说以为学者检阅之助，此著录家也，以王兰泉为山斗。（《欧斋石墨题跋序》，《启功丛稿·题跋卷》，第330页）

此处著录家即考证家，而鉴藏家和考据家可以看成是赏鉴家之一分为二，至于两者之区别在于前者考证经史，后者考据碑版。虽说收藏离不开鉴赏，启功先生本人也写有不少关于碑帖考据的文字（主要集中于题跋卷），但他的收藏是为自己的学问服务的，尤其是他曾收集了许多碑帖的民国影印本，一一批注。无论是从金石学之两分法，还是三分法来看，他无疑属于考证家，即文史学问家。他写有以金石补史的文章，如《碑帖中的古代文学资料》等。其学术成就远远大于收藏成就。二〇一九年，启功先生旧藏金石碑帖 320 种现身拍场，其中堪称善本者为明拓《张猛龙碑》、火前本《真赏斋帖》、明拓松江本《吴皇象书急就章》等数种。

最值得称道的是，启功先生还能基于善本碑帖的考据点，挖掘出其独特的文献价值，如他从张彦生之子张明善捐献故宫博物院的那本最旧拓《九成宫醴泉铭》及其考据点，对学界的观点进行了反省，并对碑文的个别文字进行了考订：

> 碑帖的文献性（或说资料性）是更大的。用"石经"校经，用碑志证史、补史，以及校文、补文的，前代早已有人注意做过，但所做的还远远不够。何况后来继续发现的愈来愈多！例如：唐欧阳询写的《九成宫醴泉铭》的"高阁周建，长廊四起"的"四"字，所传的古拓本都残损了下半，上边还有一个泐痕，很像"穴字头"（翻造伪本，虽有全字，而不被人相信）。于是有人怀疑也许是"突起"吧？我也觉得有些道理。最近张明善先生捐献国家一册最早拓本，那"四"字完整无缺，回想起来，所猜十分可笑，"长廊"焉能"突起"呢？这和唐摹兰亭的"每"字正有同类的价值（而这本笔划精神的丰满更是说不尽的），古拓本是如何的可贵。（《关于法书墨迹和碑帖》，《启功丛稿·艺论卷》，第 98 页）

古旧拓本的可贵，不仅具备文献价值和校勘价值，其本身就具有文物价值，尤其是宋元拓本天然地被烙上了"古董"概念，几百年来一直备受追捧，成为人们桌架案几的把玩之物。对此，启功先生写有专文，名为《玩物而不丧志》，相反要玩物立志，如王世襄先生。"玩物丧志"这句话出自伪古文《尚书》，似乎"玩物"与"丧志"有必然的因果关系。启功先生写道：

　　旧时社会上的"世家"中，无论为官的、有钱的、读书的，有所玩好，都讲"雅玩"。"雅"字不仅是艺术的观念，也是摆出身份的标准。"玩"字只表示是居高临下的欣赏，不表示研究。其实不研究的欣赏，没有不是"假行家"。而"假行家"又"上大瘾"的，就没有不丧志的。怎样丧志，不外乎巧取豪夺，自欺欺人，从丧志沦为丧德。而王世襄先生的"玩物"，不是"玩物"而是"研物"；他不但不曾"丧志"而是"立志"。他向古今典籍、前辈耆献、民间艺师取得的和自己几十年辛苦实践相印证，写出了这些部已出版、未出版、将出版的书。可以断言，这一本本、一页页、一行行、一字字，无一不是中华民族文化的脚注。（《玩物而不丧志》，《启功丛稿·题跋卷》，第74页）

虽然这些话启功先生是针对王世襄先生有感而发的，但可以看作是他对自己玩收藏的勉励，也是他对所有玩收藏的人的期许。

（2022 年 9 月 30 日）

金琮向沈周求画

　　看着微信朋友圈内几位兄弟注册了公众号，写着玩着，我也跃跃欲试。文章好多年前就写着，倒不怕登大雅之堂，只是对于大学期间计算机课，这唯一一门靠蒙混而过关的我来说，注册一个个人公众号也费了好大的劲，在小伙伴的帮助下，终于大功告成。如同在公众号之功能介绍中所言，是想把自己"看到的、想到的、写下来"，权且算作个人的笔记本，有图有字，分享于友朋。

　　为了尽快掌握运行技术，昨日半夜，来到沪西畲山脚下一粟山房，在二当家陆牧滔先生的指导下，把在微信公共平台上写文章、发文章的整个程序，基本弄明白了。信心满满，可以试着写了。但第一篇写什么呢？

　　刷着朋友圈，想到日前北京保利拍卖公司副总李雪松先生的一条微信。他说，在上周中国嘉德 2015 年春季拍卖会古代书画拍卖时，很想得到一通明代大书法家金琮致"士弘"先生的信札，"出价不够高，为他人竞得，有些遗憾"。当时我就回复他并与之简短研讨了几句。现在看来，落槌价 42 万，的确不算高，而且上款人"士弘"先生颇有来头。那就写写这个"士弘"先生吧。

在此，不妨先从此札及其作者金琮（1449—1501）谈起。金琮致"士弘"札（图 12），约一平尺，是关于金琮本人托这位"士弘"先生向沈周求画一事，全文如下：

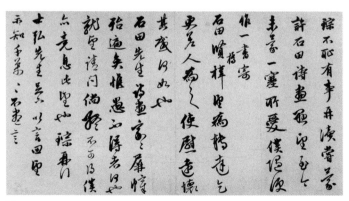

图 12

　　琮不耻，有事再渎，尝蒙许石田诗画，悬望至今，未蒙一塞所爱，仆随便作一书寄石田贤桥梓，望为转达。

乞更差人为之，使慰远怀，其感何如也。石田先生诗画，家家之屏幛殆遍矣，惟愚不得者，何也？就望请问，倘终不可得，仆亦竟息此望也。琮再拜，士弘先生足下，以言回望示知。千万，千万，不尽言。

金琮此人此札及个中求画之事，拍卖图录上有尹光华先生所作按语，详详细细、娓娓道来：

> 金琮，字元玉，号赤松山农，明中期金陵人，善诗文，书法尤长，得赵孟頫之圆润而洒脱自如，极为时人所重，文征明极爱之，得其片纸皆善藏之。此札托友人求沈周画，岁久不得而沮丧之情溢于言表。一方面可见元玉之好画若痴，亦可见沈石田画艺为时人所重如此。书法则圆转流畅，气沉力厚，极得元人意趣。元玉书传世不多，此札书写极精，文情并茂，值得珍视。

此前，也在中国嘉德拍场上，见钱镜塘旧藏、现归上海图书馆之明代名人尺牍若干册，其中亦有金琮书札一通，亦精。明代周晖《金陵琐事》卷二"字品"，漫不经心地对金琮书法艺术作了介绍，并说文征明如何喜爱他的字：

> 山农金元玉，初法赵子昂，晚年学张伯雨，精工可爱，落笔人便持去。吴中文征仲，极喜元玉字，凡得片纸，

皆装潢成卷，题曰"积玉"。（周晖《金陵琐事 续金陵琐事 二续金陵琐事》，南京出版社 2007 年，第 74 页）

周晖还提到金琮善画："山农金元玉，画梅花，有逃禅老人笔意。"（同上，第 77 页）

金琮书法存世甚罕，查阅大部头的《中国古代书画图目索引》，发现国内文博单位仅存有三件，均为行草诗咏，分藏于故宫博物院、上海博物馆和上海朵云轩，其梅花画作至今未曾得见。

到这里，我们要问：此札上款"士弘"先生究竟是谁呢？可以料想到，一代书画大家托人向另一位书画大家求画，此中间人应绝非等闲之辈。虽说据不完全统计，有明一代字号"士弘"者有三四位，但我们基本能肯定，金琮此札所言者应是同时代的常熟人钱仁夫，他也是当时书画圈中人物。

钱仁夫（1446—1526），字士弘，号东湖，以字行。据明代缪肇祖、冯复京等人纂辑的《常熟县儒学志》记载：钱士弘五十多岁，于明弘治十二年（1499）中进士，"授工部主事，终员外"。显然，钱士弘一直在工部任职，因为分管水利事务，亦被称为水部。当官直至营缮员外郎，因太监刘瑾擅权朝政，借口生病归还故里。著有《归闲文纂》《水部诗历》等。

钱士弘善书。另见上海图书馆所藏明代尺牍中其书札一通，钱士弘是以门生身份致书"瀹斋"先生大人，以求后者在科场照应一下自己的儿子，云云。

钱士弘亦善画，其山水画作拍场有见，如中国嘉德2011年秋季拍卖会上其《虞山献秀图卷》。此手卷为其七十六岁时画与同郡陈氏兄弟者，被认为有沈石田之风，只是更为秀丽。落"太常卿兼经筵侍书"名头者程南云题引首"虞山献秀图"。后有同时期的邵宝和稍后的袁裒两人的题跋。邵宝题曰"其气韵蔼然而能腴，书与画殆成双绝，宛是子久所作，谛观乃署东湖印，因知东湖指法于子久应无多让也"。袁裒题曰"全黄子久，苍古秀润，脱去笔墨畦径，而书画双绝，良可嘉玩"。

隐约记得，清代鱼翼编辑的《海虞画苑略》中有对钱士弘及其书画艺术的简单介绍。本想引证一下，可一本小书，半天没找出来，作罢。好在上揭两件实物资料可供参照，尤其邵宝和袁裒两人的跋语题在钱士弘山水之后，生动异常，相形之下，诸如姜绍书《无声诗史》之类书中只言片语的介绍显得就无关紧要了，并多少有点苍白，不录也无妨。

钱士弘与沈周的关系可从沈周诗文中观察一二。沈周诗文大量存世，前几年业经整理，形成近百万字的规模。其中，有五首诗与钱士弘有关：《三月一日喜晴小步载用士弘韵》《钱士弘以东坡船邀泛月病阻因答》《题钱士弘阻游山卷》《送钱士弘会试》《送钱士弘乃子应试》。单从这些诗名上，就可看出两人关系非同一般。钱士弘五十多岁才中进士，故沈周《送钱士弘会试》诗曰："五十功名休谓晚，老成还听首传胪。"而沈周《送钱士弘乃子应试》诗想必与上海图书馆所藏钱士弘那通信札作于同一时期，均涉及钱士弘儿子科场应试之事。

在当时，金陵书画家与吴门书画家有着非常密切的往来。如徐霖，他不仅与文征明关系密切，互通信函，而且与沈周也有往来，沈周就有《为徐霖作云山图》七言诗。想必金琮与沈周没有直接往来，故只能通过钱士弘向沈周求画。而金琮与钱士弘往来文献资料缺如，好在甚为精彩的金琮致钱士弘札留存于世。

（2015 年 5 月 28 日）

邹之麟送芋头

今年春拍，一鼓作气买了些许明人尺牍、诗翰，物有所得，满心欢喜。近日送到若干，并检出旧藏，分门归类整理，以便研读、庋藏。在此过程中，翻阅到前年春天曾在杨武兄主持的北京宝瑞盈处见到的邹之麟行书札（图13），有点即兴想法，信笔就此啰嗦几句。

是书札，我称之为《奉芋头帖》，见于上海书画出版社 2008 年出版的《宋元明清法帖墨迹》。同时，由上海博物馆所编《中国书画家印鉴款识》而知，此帖原为高络园乐只室旧藏。后来归了谢稚柳陈佩秋伉俪，十年前首次连同其它诸多宋元明清书札，以截玉轩收藏之物，在北京匡时进行了拍卖，我过目时已是第二手了。上面有谢陈伉俪钤印："谢稚柳真赏""佩秋珍藏"。另一藏印："在涧氏"，不知何人，求教。

　　作者邹之麟，他在画史上最出名之事与黄公望《富春山居图》有关。据周亮工《读画录》，他酷爱黄公望这卷画，甚至可比拟喜欢王羲之的《兰亭序》。他多次向藏家吴氏询购，均未果。吴氏病重之时，将这卷画投入火中，欲焚烧作为殉品。吴氏之子使用调包，用其它画卷把它替换了出来，携带给邹之麟，要卖给他。这时邹之麟经济状况很不好，对方要价千金，

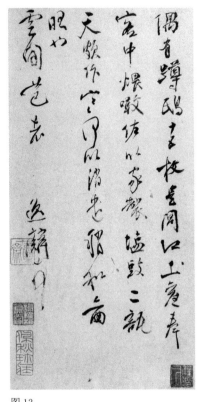

图13

他无力买下，为此郁闷了一个多月。

　　历史上的邹之麟，一生铮铮傲骨，不肯随便仰人鼻息。万历年间中进士后，曾在工部工作，官主事。后来，用姜绍书《无声诗史》卷四中的话讲就是：

107

骨性劲挺，气度傲岸，有不可一世之意，耻随人俯仰，人亦缘是挤之，遂拂衣归，高卧林泉，近三十年。朝事澜倒，互相倾轧，公卿雁刑僇者不可胜数，公独超然免于评论。其家居时，冥搜幽讨，博极群书，尝手批二十一史，丹铅数遍。文辞歌诗，追古作者，兼蓄晋唐以来墨迹，洎商周彝器，清赏自娱。酷好颜书，咀其精髓，尝得鲁公赠裴将军诗真迹，作斋藏之，而镂其诗于壁。画仿黄子久、王叔明，而潇洒苍健，自抒性灵，绝去画史畦径，惟觉奇逸之气，拂拂楮素间。图成而署其款，曰"逸老"，曰"味庵"，盖寄兴于磅礴者也。然亦颇自矜惜，豪贵函币请之，终不可得，而贫交故旧，辄赠以润其枯肠，如苏端明之于贾耘老焉。（姜绍书《无声诗史 韵石斋笔谈》，华东师范大学出版社2009年，第82、83页）

甲申之变后，南明弘光朝时，他曾在检察院系统当过短暂的官，官都宪，第二年就"杜门肆力于翰墨"。据说他曾参加秘密抗清活动，失败后返回老家武进，即今常州，做了遗民，度过余生。此《奉芋头帖》应属晚年，想必即在这个时间段。是帖全文如下：

偶有蹲鸱十五枚，是间江土产，奉客中煨啜，佐以家制盐豉二瓿。天颇作寒，何以消遣，稍暇图晤也。云间芑老，逸麟顿首。

即邹之麟给"云间芑老"馈赠芋头之便条也，故，诸如此类一般均无年款。此老想必乃邹之上海松江友人，字号"芑某"，后一字被"吃掉"，以"老"字代之，是为尊称，真实字号及姓名犹未及考。

鸱，猛禽，猫头鹰一类。蹲鸱，则与猫头鹰之流毫无干系，实指芋头，因它像蹲下的猫头鹰而得名。间江，即指无锡，毗邻常州也，所产芋头颇有名声在外。书帖中，用枚作这类果实之物的量词，古人常有之，如王羲之《奉橘帖》："奉橘三百枚，霜未降，未可多得。"

江南盛产芋头，包括邹之麟所处之太湖流域。据民国初年天虚我生的《洞庭东山物产考》，江南之芋头有三种，水陆两种，一种水田一种旱田，还有一种山芋。"大者重二斤余，小者只数两，皮红灰色，肉有红白两种，红胜于白，生熟食均佳，味甘，有补虚益气健脾强肾之功，并可充饥，此亦备荒之品，宜莳之。"

芋头，秋冬上市，烧制烹饪方法颇多，除了蒸、煮、炒，还能煨、烤、炸。邹之麟在"天颇作寒"和"稍暇图晤"之际，专门馈赠芋头与友人，稍呈乡产，附具土著，佐以用法，足显礼轻情意重。

而且，除了营养药用功效，芋头作为五谷杂粮，"并可充饥，此亦备荒之品"。邹之麟隐居的时代正值天下未定之时，战乱、饥荒寻常事，在这样的年代送芋头也赋予了更深的含义了，我想。实际上，历史上曾多次在某些重要场合或时刻提到芋头（蹲鸱），苏东坡在《上神宗皇帝书》中就说道："是犹见燕晋之枣栗、岷蜀之蹲鸱，而欲以废五谷，岂不难哉。"

最早，也是最有名的是《史记·货殖列传》中的一个故事，讲到正是由于有蹲鸱（芋头）打底，不惧饥荒，先民从国之中心远迁蛮荒之地，生活却开辟出了一番新天地。在此不惮繁琐，全文抄录如下：

> 蜀卓氏之先，赵人也，用铁冶富。秦破赵，迁卓氏。卓氏见虏略，独夫妻推辇，行诣迁处。诸迁虏少有余财，争与吏，求近处，处葭萌。唯卓氏曰："此地狭薄。吾闻汶山之下，沃野，下有蹲鸱，至死不饥，民工于市，易贾。"乃求远迁，致之临邛，大喜，即铁山鼓铸，运筹策，倾滇蜀之民，富至僮千人。田池射猎之乐，拟于人君。

这些可能题外话了，让我们回到该帖。据周亮工《读画录》所说，邹之麟"晚年应酬之笔，皆出捉刀人，惟有'阿谁'章者，为其得意笔"（西泠印社出版社 2008 年，第 87 页）。或许孤陋寡闻，我至今未见着钤有"阿谁"之印章的邹之麟晚年得意之笔。而此《奉芋头帖》上有其"囊十斋"之印亦极少见，恐仅此一例耳，故亦被收入了《中国书画家印鉴款识》，备作资料。囊十斋，在《奉芋头帖》上钤用这样的斋号，邹之麟也应是个"吃货"。

（2015 年 8 月 12 日）

新得阎尔梅手书七律三首

　　阎尔梅具有双重身份，一方面是明末清初著名的文人诗人，沈德潜《明诗别裁集》谓之"诗有奇气，每近粗豪"，即属粗放豪迈一派。一方面又是复社巨子，政治活动的积极参与者，尤其"甲申鼎革"后参与抗清，兵败遁于海上，自称"蹈东和尚"。其交游甚广，与倪元璐、黄道周、史可法、钱谦益、顾炎武、傅山、徐沂、刘侗、陈子龙、夏允彝、陈名夏、李良年、方文、归庄、王弘撰、孙承泽等友善，与万寿祺并称"徐州二遗民"，亦有"阎万"之誉。

　　阎氏存世墨迹从未得见，即便以《中国古代书画图目》皇皇二十多册为代表的文博公藏机构观之，亦无一见藏。日前，笔者过目阎氏便面一帧（图14），书七律三首，典型的文人书法，有黄山谷之风，亦涉及阎尔梅一桩交游故实：

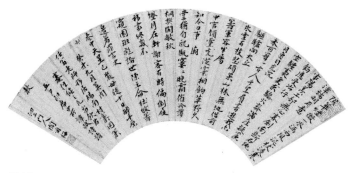

图14

照草烟微一水涵，西风泥杖渡寒潭。端明有意家阳羡，工部无心客剑南。断石纯钩应受冶，行空骙裹更求骎。火齐满座疑帘月，鱼目光沉未可簪。

古人千里负书游，我亦驱驴向太丘。冰雪有枝坚硕果，山林无地借前筹。军容半属中官领，部党先从宰相钩。草野久知今日事，庙堂犹自祝瓯窭。

晚霜催冷薄桐樊，阁敞秋灯月在轩。谢客有时偏倒屣，移家终岁不窥园。班彪论世陈王命，杜牧筹边著罪言。史奏中天星已聚，毋徒十日醉平原。

款识："癸未九月莫，闻任翁老师移居碣南村寨，因策蹇往候之。凡留饮者五夕，即席中所谭赋诗请教。泗上

113

门人阎尔梅。"钤印："阎尔梅印""豹韦堂"。

阎尔梅终生布衣，其孙阎圻《文节公白耷山人家传》曰："生而耳长大，白过面，因号白耷。字用卿，一字古古，讳尔梅。由恩选贡士举孝廉，未宦。"阎尔梅不以诗文法书垂世，而以气节名史，其后人故私谥之"文节"。阎尝致书史可法，自曰：

> 梅生平无长才，不能修饰边幅，与时人周旋，惟兢兢先人家训，好名节，又好读古人书。遇古人有气谊事功文章者，辄慨然欣慕；其卑不足道者，心鄙夷之，或形之诗歌以诋刺之。至处目前乡党师友，以及先达上官，皆复如是。（《徐州二遗民集》卷十"上史阁部书"）

此阎氏手书扇页诗，笔者更看重的是其文献价值，首先是辑佚。

阎尔梅诗集有多种版本，以清刻本《白耷山人诗集》十卷最善，民国张相文重编《阎古古全集》其诗集十卷完全与此相同，清代阎氏豹韦堂家刻本及光绪刻本《徐州二遗民集》则均有删节。今人重新编辑集子有二。一为十数年前王汝涛、蔡生印编注《白耷山人诗集编年注》，据上述旧本多有增补修订。二为近些年龚逢庆编《野望—阎尔梅集》，如编校者自述"又从清人诗话、笔记，以及相关地方志书中考校、辑录山人遗诗、遗文若干，列入补编"，相对更为完备。但经检均未见有此七律三首，当为阎尔梅佚诗无疑。

其次，可为阎尔梅行年事迹增益，补年谱之不足。扇页诗款识时年癸未，即崇祯十六年（1643）。这一年所见阎尔梅事迹不多。

据来新夏《近三百年人物年谱知见录》、谢巍《中国历代人物年谱考录》，阎尔梅生平事迹以民国张相文编《白耷山人年谱》二卷最为详尽，是书见民国十年（1921）泗阳张氏排印本。据张谱，崇祯十六年（1643）阎氏行年事迹仅一条：

> 沛邑大水，山人复请于令赈之。倪鸿宝学士、方仁植中丞、李映碧黄门、涂印海侍郎，过夏镇，山人酌之西园。寻，山人至京师，秋还沛。

倪鸿宝，即倪元璐。清时沛县很大，今山东微山的夏镇也属沛县，夏镇曾为沛县县治所在。阎氏诗集另载有诗《倪鸿宝学士、方仁植中丞、李映碧黄门、涂印海侍御，应诏入都，过夏镇，小园夜饮，以诗志之，时癸未仲春，建州兵尚未出境也》，与此可相互印证，"建州兵尚未出境"指清兵尚未侵入关塞，并具体言明阎尔梅请倪元璐等夜饮是于该年春季。不久，阎尔梅亦至京师，秋季返还沛县，后即有扇页诗所示之事——去永城看望老师。

诗上款人任翁，即练国事。练国事，字君豫，号任鸿，河南永城人。坦率地说，本次嘉德拍卖一组永城练氏旧藏扇面集锦十一帧，均练氏上款，此为其一。不然的话，若单独根据此帧，要考出"任翁"为"任鸿"之尊称，尚需花费一定的周折，最终是否能如愿考出亦未可知。顺便赘言一句，是组扇页另有阮大铖一帧，款识"拟懊恼辞，和友人十之四，呈任鸿年兄郢教。弟大铖"。阮扇可惜破败已甚，故弃之。

阎扇表明练国事与阎尔梅有师生之谊，此事不见史传，鲜为人知，或是除了诗集辑佚和年谱增补之外另一项文献发现。

练国事，张廷玉《明史》、陈鼎《东林列传》有传，万历进士，授沛县、山阳知县，早期在徐州一带为县官。崇祯间，以御史巡抚陕西，参与与北方流民之战事，颇有功绩。崇祯七年（1634），因受降流民复叛，崇祯帝怒之，被捕入狱。崇祯九年（1636）正月，遣戍广西。"久之，叙前功，赦还，复冠带。福王时，召为户部左侍郎，寻改兵部。十二月加尚书，仍莅侍郎事。明年二月致仕，未几卒。"（《明史》卷二百六十）

关于练国事从广西赦还之事，《东林列传》所记稍详：当练氏出事后，"陕西人李遇知等疏救，不报。后遇知任吏部尚书，为国事称冤云：'督臣陈奇瑜主抚，与国事相左，得罪非其辜。'诏复冠带，家居。"（《东林列传》卷十八）此帧扇页诗款识所示之事，即发生于练国事"家居"之时。阎尔梅得知老师移居，前往拜谒，因永城、沛县两地相邻，距离很近，故能"策蹇往候之"。

（2020 年 8 月 18 日）

何绍基楷书《进学解》

因为碑学味很浓的缘故，而且一般较为精致，笔者喜欢何绍基的楷书不是一天两天了。相形之下，平日多见其随意应酬的行草书，较滥。据书画圈内朋友说，再加之此类行草书假货充塞，这些伪劣之作是导致何绍基书法作品拍卖市场价偏低的主要原因。

4月21日，易苏昊先生微信朋友圈发了件何绍基楷书《进学解》手卷（图15），很精彩。当时我回复他说，这件东西刻过帖、有拓本。老易希望我把相关资料找出来，好在本人记性还行，几年前见的，当晚就找到了，并发给了他。

以前见的那件拓本为清代所制，经折装，封面王临五题："何绍基书进学解。"内有收藏印"砚武堂书画印"，前后共两枚。此王临五氏不知何许人也，砚武堂也不知谁

图15

人堂号，不过倒也无关宏旨。

不同寻常的是，前两开有陈寅恪朱笔长题，写尽韩愈及其《进学解》一文之事，落款"义宁陈寅恪题于清华寓所，时民国十八年夏日"。对于陈氏字迹，不熟悉，不敢妄认。学业有专攻的朋友告知，这字不错，应是对的。

陈寅恪不是金石碑帖收藏家，也不是书画收藏家，是作为文人、学者玩玩碑帖的，所以，他的题跋既没有涉及碑帖如何如何，也没有书法如何如何，仅仅直言韩愈及其文事。

碰巧的是，后来我又发现另外一本何绍基此楷书的清拓本，连封面装帧都一样，只是题签者不同。看来，当年何绍基此书卷颇为人重视，不仅刻了帖，好像还拓了不少，今天轻而易举就发现了两本。

关于何绍基此楷书卷如此这般刻帖之事，民国《续修历城县志》曰"凡四石，俱高一尺，横二尺九寸五分。每石二十四行，行八字。正书，字径七分。在第一师范学校"。济南旧称历城、历下。该志为济南当地名贤、清末举人、清两广总督毛鸿宾之子毛承霖主修，历时二十年。何绍基曾受崇恩之邀，流寓济南，故当地留存其书帖碑石。

我们由此而知，当年何绍基此楷书是被刻在石头上的，共四块，民国年间还在济南第一师范学校。现不知还在不在？若在的话，在哪里？

是卷何绍基末尾落款："丙辰九月廿九日，书于济南，绍基。"丙辰年为清咸丰六年（1856），何绍基时年五十八岁。上一年，即咸丰五年（1855），何绍基还在四川，官学政，只因上条陈，评论时事，而遭贬官，被迫离开蜀地。这次官场经历似乎对他打击挺大，如，他至眉州游宿三苏祠时，有诗曰"游山无尽期，止酒无良策。发齿近六旬，贪险静自责"。又如，去蜀入秦时，诗咏三十二首纪事书怀，有诗曰"满怀疏快多倾倒，不信于今直道难"。

他一路游历西安、华山、潼关、晋祠，抵达京师，再南下，登泰山，甚至到泰州、兴化会了会吴云、吴让之，最后抵达济南，时在咸丰六年七月初。他寓居济南，并主持泺源书院，是受山东巡抚崇恩之聘，楷书《进学解》卷即此间所写。据《何蝯叟日记钞》，是年九月廿七日写起，廿九日写毕，连头连尾写了三天。

众所周知，韩愈当年写《进学解》，既有"业精于勤，荒于嬉；行成于思，毁于随"之告诫，也有抒发自己怀才不遇、仕途蹭蹬的情怀。这与何绍基当时的思想和心境是吻合的。

据何绍基诗文记载，寓居济南这段时间，他较为惬意、安闲，专研书学。有时连日与儿子一起访碑看碑，有时遵许瀚嘱咐校桂馥文稿。他与崇恩的唱和诗有曰"残年饱哜无事饭，得闲勤倒著书杯"。可能心情转好了的关系，他有时又忧国忧民起来。如，腊月初六济南初雪，他有诗句柬崇恩曰"饥寒岁暮怕风雪，不雪更恐明年灾。好送流民返乡井，勤除草窃搜根荄"。

从书法艺术角度说，这时何绍基已进入晚年变法时期，他既临过了唐碑，也临过了汉碑。在这里，他以纵为势，虽是用楷书写《进学解》，但已将篆书隶书化解并融入其中。既有颜真卿的雍容韵味，也有秦篆汉隶的古拙和苍茫，实乃晚年杰作。

河北博物院藏有何绍基书《进学解》条屏，亦晚年之作。我想他不止一次写此文，自然有其道理。明天去北京，可以看到老易找来的这件何绍基楷书《进学解》手卷了，上上手是为幸事也。

（2015 年 6 月 1 日）

121

静水深流：行走拍场的智慧

一、艺术品市场的特殊性

艺术品市场也是一个投资的市场。我们可以把投资市场划为三大类：第一是资本市场，包括股票、债券等；第二是不动产市场，包括房子等；第三就是艺术品市场，书画是这个市场中最大的交易品种。

这三个市场之间是有区别的，他们各自交易的商品不一样。资本市场，例如股票，完全是标准化操作，同一只股票，每一股的权益、价值都是一样的，而且在同一时间点的价格也是一样的，投资者可以快速完成交易，而且流动性比较好，你卖了股票后，第二天钱就到帐了。这个市场的商品是同质或均质的。

不动产市场，例如房子，它的质地相对来说也是比较统一的，每平方米多少钱，明码标价，同一项目、同一房型的不同房子之间，虽然不像股票那样价格完全一致，但基本也是能够用标准化来衡量的。不动产市场的流动性相对尚可。

艺术品市场，与以上两个市场有很大差异。张大千的画作，有一两亿元一幅的，也有几千万元一幅的，还有几百万、几十万元一幅的。为什么会这样？因为不同画作的质量是不一样的。也就是说，这个市场中，即便是同一种商品，不同个体的质地是完全不一样的。换个角度来说，就是这个市场中，不存在商品的标准化。这个市场的商品是异质的。

艺术品市场，交易场所也是分散的，今天嘉德在拍卖，过两天保利也要拍了，前不久苏富比刚刚拍过……它的交易是分散的，没法统一进行。而且，艺术品市场的流动性也非常弱，当你需要变现时，不是说你想今天以什么价钱卖出去，就能够卖出去的。

虽然艺术品市场中，它的商品属性与其它投资市场是不一样的。但是艺术品本身也具备了保值、增值的特性，是可以进行投资的，所以说从投资学的角度来说，艺术品市场也是可以通过一定的分析模式来分析的。

不过，我并不赞同国内的某些媒体经常制作的、反映书画市场价格波动的曲线图，今年张大千价钱是多少了，平均价钱是多少，去年是什么样的，等等。尽管我认可他们这种努力，但是我认为他们这种做法是违背科学规律的，因为艺术品市场中的商品之间是不一样的。卖到 1000 万元的张大千画作，与以 5000 万元成交的张大千画作，根本就是两码事，不能笼统地进行算术平均分析，这就是艺术品市场的特殊性，也是它最有魅力的地方。

艺术品市场的门槛相对较高。对于股票市场来说，退休的老阿姨、卖茶叶蛋的老奶奶，都可以参与，但艺术品市场就未必是他们能参与的，这不完全是资金实力的问题。很多资本雄厚、实力超群的人也不一定能进入艺术品市场，一个重要的原因是，其他市场中关于商品的很多基本概念，在这个市场中是完全不适用的。

二、四种画作最值得投资

我根据自己这几十年参与艺术品市场的经验认为，市场中有四种画作是最值得投资的。

第一，同一画家同类题材中，要买有特点的作品。比如说，齐白石画的虾、螃蟹类型的作品中，有很多四尺条的，特别是他到了北京后画了大量这种作品。我十几年以前曾经在嘉德的小拍，也就是现在的四季拍卖会上买过一件这样的作品，大约 50 万元。这在当时也是"天价"，因为这类作品在当时一般也就是十几万、二十万元，绝对不会超过三十万元。我个人认为，这幅是齐白石此类作品中的佳作，所以愿意用这么高的价钱买下来。

这件东西好在哪儿呢？首先，画上有齐白石长题，他写了一首七言诗，写得很长。齐白石此类作品中，出现这种长题还是比较少见的，而且往往画家在某件作品上题，很可能是他对这件作品比较满意。其次，从审美的角度来说，我认为他这件螃蟹画得很好，至少我是这么认为的。齐白石以虾、螃蟹为题材的作品当中，我个人不喜欢那些边上画点儿水草等植物的作品，我认为把那些水草等东西去掉不画，多留白，从美学角度来说会更好。

第二，一定要买画家的精品。我曾经经手过一件齐白石《新喜图》，是当年在某拍卖公司以最高价位拍下的。当时为什么要买这幅画呢？因为它可以算是齐白石画作中的精品。齐白石这类清供题材画相对来说不多，这一幅从构图来说比较饱满，还有四五次重要、权威的出版，主题也比较好，表现出新春佳节大家互相庆贺、祝福的意思。

第三，要关注画家的罕见品。例如中国嘉德 2011 秋拍中以 1.94 亿元成交的齐白石《山水册》。这件作品是辛冠洁老先生的旧藏，十分难得，开开精彩，它不是我们用"精品"两字就能够简单概括的，在我看来这是非常罕见的作品。

中国嘉德 1994 秋拍中，这套册页以 500 多万元成交，当时就是齐白石画作拍卖价格的世界纪录，像这样的作品，你很难再找到第二件。中国嘉德 2014 春拍中有一件齐白石《红鹤》也是十分罕见的作品，受到了很多收藏家的关注。

第四，有些作品虽然是常见之物，但是有其特别之处，也值得关注。我第一次在在拍卖会上买画，大约是在 1996 至 1997 年间，为一幅李可染《柳堂牧牛图》。这件作品的特别之处在哪儿呢？

这幅画是送给民国时期淞沪警备区司令"啸天将军"杨虎的，画上有齐白石题"啸天将军老弟藏玩，门人可染画"。齐白石和杨虎的关系很好，画给他的大量作品也蛮好的。《柳堂牧牛图》是齐白石题识，让弟子李可染画给他的，这样的作品非常特别，我记得当时这幅画的落槌价应该在 11 万元左右。如果没有齐白石的题，这个作品就是 5 万元，它的特别之处就是它有一个著名的上款，还有齐白石的题识，它就远远超出了李可染当时这类作品的价格。

我再举个例子，中国嘉德 2011 春拍中有一幅戴苍《渔洋山人抱琴洗桐图》，画的是清初诗人王士祯，以 3277.5 万元成交。戴苍是清初一个小名头的画家，他的画作价钱并不高，而这幅画能拍出如此高价，是因为画后有很多清初大文人的题跋。

王士祯是当时的文坛领袖，戴苍给他画了这样一幅画，很多文坛大家都给他题跋唱和，上面很多人的墨迹在拍卖场上二十年以来几乎没见过。引首是陈维崧的，后面还有很多其他人的，施闰章、陈恭尹、方文、朱彝尊、汪琬、宋琬等等，前后一起共有上百位名人的题跋。这样特别作品实在是太少见了，所以得到了收藏家的认可。

三、画作存世量对价格的影响

历代收藏家总结出了很多经验，他们一次次地对中国传统书画进行梳理、总结，有很多文献传世。这些文献告诉我们哪些画家作品的存世量会很少，此类画家的作品如果出现在拍卖场上，往往是收藏家尽最大努力竞争的对象。

举个例子。在古画当中，如果你关注明代绘画，肯定不会忽略"明四家"文征明、沈周、唐伯虎、仇英。而这四人当中，很多藏家更喜欢仇英和唐伯虎，因为相对来说他们作品的存世量更少。

民国的时候，曾经有几个收藏家在一起聊天，谈论到"明四家"，都称赞说太了不起了。有位藏家炫耀说，我不但有唐伯虎也有仇英，另一位藏家说，我有顾炎武、黄宗羲，这么一说，那位收藏仇、唐的人就不敢显摆了，因为顾炎武、黄宗羲的作品存世量实在是太少太少了。据不完全统计，故宫里顾炎武的书法作品好像只有一开。

中国嘉德2013春拍古籍善本专场中，出现了一件顾炎武《五台山记》墨迹，起拍价才20万元。当时我就对这件东西兴趣很高，我认为这个东西太难得了，可能一辈子就碰上这么一次。买这件西可不是一种简单投资的行为，也远远超出了收藏的范畴，而一种信仰的问题。我对顾炎武、黄宗羲这些大文豪、大文人，从内心来说特别喜欢，而且他们的墨迹你很少能碰上，能碰上这么一次也太难得了。

结果这件手札从20万元一直拍到了3162.5万元，被国内的一位企业家买走了。我当时也举牌了，但是很遗憾没买到。那个企业家下如此大的决心，是因为故宫的一位专家给他提了一个建议，就说故宫收藏的顾炎武作品，也只有这么小小的一张纸。

讲到一位画家作品存世量多寡的问题，我可以再举另外一个例子。比如说清初四僧，渐江、髡残、石涛、八大，他们的作品在当时都是反主流的，但是到了晚清、民国以后得到了黄宾虹等大家的追捧，人们对四僧的艺术成就有了新的认识，对他们在中国书画史上的地位有了新认识。

在人们的眼里，可能他们四个人的艺术成就不分上下，但是他们作品的市场价格却不同。为什么？就是因为有些人的作品存世量很少，有些人的作品存世量相对多一些。

几乎在每一季拍卖会上，我们都能看到石涛和八大的作品，但是髡残的画就甚为少见，所以说，髡残的作品可能就会比同类的石涛、八大的作品要贵一些。

中国嘉德2013春拍大观夜场中，有一件髡残《为周亮工作山水》上拍，以2357.5万元成交，髡残这类作品存世很少，我相信如果是石涛、八大这样的作品，价格应该会相对低一些。这件作品还有一个著名的上款——周亮工。当年髡残甲申鼎革以后，一直住在南京，那个时候周亮工也在南京，他们有些往来。

从书画收藏史的角度来说，四僧当中作品存世量最多的是石涛、八大，其次是髡残，最少的是渐江。中国嘉德2014春拍中推出了一件渐江《西园坐雨图》，最终以5347.5万元成交，这也证明了，同样是四僧成员，他们的艺术成就不相上下，但是如果其中一个人的作品存世量少的话，其价格就会更高。

四、人气对竞拍的影响

参与艺术品市场时，有一种判断是在拍卖过程中进行的，这就是对市场人气的判断。如果某件拍品，在竞拍的时候人气很旺，很多人在参与，那么最开始想买这件作品的人，他的心气也在不断提高，往往会出比计划中更高的价钱。

很多藏家参与拍卖的经验很丰富，对很多竞拍对手也会比较了解，如果他看到某位眼力很好的香港藏家在积极参与，某位研究非常深入的台湾藏家也在积极举牌，他本来准备出四五百万元买这幅画，最后出价到八百万、一千万元都有可能。因为他认为这么多懂行的人在竞买的东西，肯定是难得的好东西。

我可以举个极端的例子，是关于沪上收藏家刘益谦先生的。十几年以前北京的一场拍卖会上，那天我也在，拍卖会正进行得热火朝天的时候，刘益谦到了，办好号牌以后直接进拍场，这个时候场内一幅画的拍卖竞价进行得异常激烈，他刚进来，也不知道拍的是什么，就跟着举牌了，一路举下来，最后大约是四五十万元把那幅画买到手。后来，服务人员把单子送过来，他签单时才知道，原来是一幅张大千的花卉。

他的这种行为，纯粹是临时根据市场状况作出的判断。刘益谦用一种调侃的方式来解释自己的这种行为："我就是傻，我不懂的，我无非就是有点钱。"但我认为，他的这种做法还是包含有深刻的道理的，绝不是盲目和冲动的。据说这幅画前几年还卖了两三百万元。

五、听众提问

提问：您最近对哪个领域比较关注？除了书画外，有无其他的收藏项目？

陈郁：除了书画之外，我以前对织绣类的收藏也很有兴趣。最近五六年，我比较关注金石碑帖。碑帖在宋代就是一个重要收藏类别，明朝稍有断档，但清朝又重新兴起。碑帖是书法研习中不可或缺的，历代无数书法家，都是从碑帖中汲取营养，融入到自己的书风中去。我们现在看到的近代大书法家，何绍基、赵之谦、沈尹默等人，都热衷于碑帖收藏及研习。他们把自己的书法作品卖掉后，用换来的钱去收藏碑帖，可以看出他们对碑帖的热爱。从这个角度讲，碑帖的学术价值极高。

近二十年来碑帖的价格变化不大，我觉得它是被低估的品种，它的价值远远没有被当代藏界认识到，从长远看来，非常具有升值潜力。

提问：对于很多对收藏有兴趣的年轻人来说，在资金不足的情况下，如何搞收藏？

陈郁：资金对于收藏来说很重要，但不是最重要的。如果你真的热爱收藏，不要把资金当作不可逾越的障碍。就像我刚才谈到的，有些金石碑帖很有收藏价值，而且还是很便宜的。不久前我和嘉德古籍善本的专家聊天时，还谈到一件重要的碑帖，价格也才一万多元。量力而行，收藏自己资金实力之内的精品、罕见品、特殊品，就是一名合格的收藏家。

提问：您从事收藏多年，国内外的拍场经历过很多，您认为中国嘉德等国内拍卖公司的拍场，与苏富比等海外拍卖行的拍场，有哪些区别？

陈郁：我确实经历过很多拍场，不仅仅是中国嘉德、苏富比等大公司，很多小型公司的拍场我也会去。但是，让我说说这些拍场的区别，我还真一下总结不出什么东西来。因为我对拍品以外的东西不是很关注。我只关注自己感兴趣的东西。我从来没有试图去搞明白某件拍品的背后到底有怎样的内幕，是谁送拍的，原先是在哪里买来的，等等。因为我觉得，如果把这些东西都搞明白，那太累了，收藏的兴趣会降低很多。我宁可用更多的时间，去研究拍品本身。

本文原载于 2014 年 10 月 9 日和 10 日 "中国嘉德拍卖" 微信公众号，是笔者于当年秋季拍卖期间受中国嘉德拍卖公司的邀请所做讲座的录音整理稿。原文前有编者按："拍卖场上浩如烟海的文物艺术品中，哪些才是最有投资价值和收藏价值的？如何判定一件书画的合理价格？同为'四僧'，为何髡残和渐江的画作要比石涛和八大贵？嘉德讲堂有幸邀请到有 20 多年拍场实战经验的著名收藏家陈郁先生，听他讲述自己多年来在拍卖场中积累的宝贵经验。"

《嘉树堂序跋录》的补正及勘误

拙著《嘉树堂序跋录》出版后，又发现若干舛误及不当之处，特此补正及勘误如下。

（1）第16页第1行："剪裱推蓬册页装"之"蓬"应为"篷"字。

（2）第40页第8行："后者亦有翻印"衍"者"字。

（3）第58页第3段末"亦翁沈之间一段文缘"后加："沈氏另有嵩山三阙铭并跋，见民国艺苑真赏社影印本"。

（4）第60页第3段，即"三年前"至"秦氏在做影印本时可能亦复如此"一段文字，应悉数删除。

（5）第80页第4行："杨介侯"之"杨"字应为"张"字。

（6）第81页第3行："杨介侯"之"杨"字应为"张"字。

（7）第86页第14行："罗振玉"应为"刘世珩"。

第18行："杨介侯"之"杨"字应为"张"字。第19行："甚至早在民国即有影行"之"影"字应为"印"字。

（8）第88页倒数第3行："杨介侯"之"杨"字应为"张"字。

（9）第104页倒数第5行至第4行："此本恰是"至"成为残本"一段文字似不妥，应悉数删除。

（10）第139页第8行："缩衣剪裱本"之"缩"字应为"蓑"字。

（11）第152页倒数第7行："内多种器，口宛胎"句读应为"内多种器口宛然"。倒数第4行："加印于泥胎，后入火"应句读为"加印于泥，然后入火"。此条承陈麦青先生指正。

（12）第197页图片说明文字："赵之谦镌刻面板"之"赵之谦镌刻"五字似不妥，应改为"傅以礼特制"。

（13）第206页第2段，即"幸运的是"至"他们没有在印谱中留下任何痕迹"一段，所作推测似不确。据"豆瓣读书"网2020年1月4日"郑人"读书笔记："作者推测有误，此谱在傅以礼之子傅子式去世后，为俞序文所得。赵叔孺1922年为俞序文刻'序文铭心之品'（《古今名人印谱卷九著录》），边款中提及俞序文近得其外祖旧藏宝印斋印式二册。俞序文印象中1942年病逝，应该在1942年以后流入日本。"特此更正。此条承柳向春先生指正。

（2020年1月5日）

《嘉树堂读书记》的补正及勘误

拙著《嘉树堂读书记》出版后，又发现若干舛误及不当之处，另承蒙陈麦青先生、柳向春先生多有指正，特此一并补正及勘误如下。另外，新发现的若干资料亦增补于文后，作为追记。

（1）前言第2页第16—17行："冷然若列御冠之御风"之"冷"字、"冠"字应为"泠"字、"寇"字。

（2）第5页第6行："廷议以为郡县录县学教谕"应句读为"廷议以为郡县，录县学教谕"；第11行："弦歌先王之风雅"后"，"应为"。"；第12行："顾贫未能舍其升斗之禄"应句读为"顾贫，未能舍其升斗之禄"；第16行："四库全书"应加书名号，为"《四库全书》"。

（3）第7页11行："长而为养，甚至独恨贫耳"应句读为"长而为养甚至，独恨贫耳"。

（4）第9页文末增补追记：一，读顾瑛辑《草堂雅集》，见卷二陈基《寄葛子熙杨季民》诗并序："去年客京师，与江西葛子熙、杨季民饮于济南张署令家，以樱桃荐酒。时季民将赴溧阳，属予赋而子熙为之书。予还江南一载，而二子尚留京师，张君亦未离太常。感时抚事，怅然兴怀，因赋长句一首奉寄。去年京国樱桃熟，公子亲沾荐庙余。色暎金盘分处近，恩兼冰酪赐来初。酒酣惜与杨生别，诗罢叩从葛老书。今日江南春雨歇，乱啼黄鸟正愁予。"二，读《李孝光集校注》，见卷十《送郭子熙归江西》诗："我来钱塘住三月，又识南昌郭子熙。好古大类欧阳氏，作歌今无韩退之。曾见鲁晨援赤制，还寻唐刻问苓芝。买船持女渡江去，秦望禹穴故多奇。"疑郭子熙，即葛子熙，郭葛音近；且于杭州结识，送归江西。

（5）第21页第10—14行："碑式云"至"末行低七字书魏伯玉徙官"一段，应为顾霭吉转引自洪适《隶续》，非其本人所见拓本之叙述。征引不当，特此说明。

（6）第22页最后1行至第23页第1—2行："豪芒必谨，一点一画。疑似阙如，而于诸著录家无，所贩鬻以刘氏《隶韵》、娄氏《字源》。以下诸书皆经传写重刊，渐失本真，沿讹袭缪，心所未安"，应句读为"豪芒必谨，一点一画，疑似阙如，而于诸著录家无所贩鬻，以刘氏《隶韵》、娄氏《字源》以下诸书皆经传写重刊，渐失本真，沿讹袭缪，心所未安尔"。

（7）第 26 页第 10—12 页："顾在论述石门颂摩崖的那段话中，明确写到'碑式云，碑文六十七行，行三十七字'，显然他是看到该摩崖的碑式图的，至于是整幅的钩摹本，还是椎拓本，已无从考证"一段，说法有误。既然顾蔼吉云"碑式云，碑文六十七行，行三十七字"转引自洪适《隶续》，故顾氏本人未见该摩崖碑式图矣。

（8）第 32 页最后 1 行："暌别芝颜悠经七载，杏坛载酒畅聆九哥玉屑"应句读为"暌别芝颜，悠经七载，杏坛载酒，畅聆九哥玉屑"。

（9）第 33 页第 1 行："比阅缙绅得悉……"应句读为"比阅缙绅，得悉……"；第 2—4 行："长才伟抱见重上游，指日联膺特诏拔擢，不次狄听好音，亦离索中一乐也。伯母大人尊体定为康泰，萱堂只奉瑞霭，庭闱曷胜欣藉"应句读为"长才伟抱，见重上游，指日联膺。特诏拔擢不次，狄听好音，亦离索中一乐也。伯母大人尊体，定为康泰，萱堂只奉，瑞霭庭闱，曷胜欣藉"。

（10）第 47 页第 4 行："每岁催科，敲扑不及里老"应句读为"每岁催科敲扑，不及里老"。

（11）第 63 页倒数第 4 行：""《急救》"之"救"字应为"就"字。

（12）第 64 页第 12—13 行："为艺林故实伯乐，厩中固无凡驷"应句读为"为艺林故实，伯乐厩中固无凡驷"。

（13）第 65 页最后 1 行："出入护持始知米老"应句读为"出入护持，始知米老"。

（14）第 66 页第 6 行："所学何事后之保守是册者"应句读为"所学何事，后之保守是册者"。

（15）第 72 页第 3 行："商务馆所出之《曹全碑》称为海内孤本"后"。"应为"，"。

（16）第 112 页第 7 行："沈问卿本"之"问"应为"问"字。

（17）第 116 页增补追记："《十七帖》实为明拓本，原石为嘉靖四年章简甫所刻。"

（18）第 125 页第 15 行："切衍狼藉"之"切"字应为"箧"字。

（19）第 150 页倒数第 4 行："后人见新出土碑芒角逼霞者"之"霞"字应为"露"字；倒数第 4—3 行："遂多訾议是碑。翁覃溪阁学、孙渊如观察皆以……"句读有误，应为："遂多訾议。是碑翁覃溪阁学、孙渊如观察皆以……"

（20）第 151 页第 4 行："民国广仓学会"之"会"

字应为"窘"字。

（21）第 153 页第 5—6 行："郑斋居吴门时所得。辛未九月"一段，应另起一行。

（22）第 155 页第 7 行："民国广仓学会"之"会"字应为"窘"字。

（2021 年 12 月 14 日）

《嘉树堂读碑记》的补正及勘误

　　拙著《嘉树堂读碑记》出版后，又发现若干舛误及不当之处，另承蒙陈麦青先生、许全胜先生多有指正，特此一并补正及勘误如下。另外，新发现的若干资料亦增补于文后，作为追记。

　　（1）第 V 页文末增补追记："1997 年秦公在为中国青年出版社《秦说碑帖》一书作后记写道：'许多人曾买过或临写过一两本帖，只是为了练字，并不真正了解碑帖的流传和价值。清人和近代的学者对碑学考订详尽，留下了一些极有价值的碑学著述，除了鉴定和收藏碑帖的人外，很少有人去读。从宋朝开始的碑学和帖学曾风靡了近千年，文人若不明碑帖，如农夫不辨菽粟，工匠不辨绳墨。'"

（2）第 9 页文末增补追记：据《江标日记》，旧藏李文田泰华楼之泰山二十九字拓本存许槤题跋，"许跋述旧事云，昔孙渊如有一精拓泰山刻石，严铁桥过而爱之，孙戏云，如能如字数敏头，即携去，严果肃衣冠作二十九敏，携之径去，亦'世说新语'之一则也"（凤凰出版社 2019 年，第 354 页）。另据《徐乃昌日记》，此本后归缪荃孙，并认同《江标日记》之说，曰"缪氏艺风堂藏泰山二十九字为孙伯渊赠严铁桥之本，孙要严每字一揖以谢之，可见先辈风趣。艺风老人宴集酒酣，每出示座客，引为谈助。今艺风往矣，回首昔时谭艺燕游之乐，为之怅然"（凤凰出版社 2020 年，第 343 页）。显然，此本与缪氏诸多旧藏拓片一起后归北京大学图书馆。

（3）第 14 页第 1 行、第 12 行："薜荔皆满"之"薜"字应为"薜"字。

（4）第 15 页第 9 行："薜荔皆满"之"薜"字应为"薜"字。

（5）第 16 页文末增补文字："正如张政烺先生所谓：'现存九个半字有可能是真的。'（《张政烺文集·文史丛考》，中华书局，2012 年，第 43 页）"

（6）第 21 页第 4 行："令弟所得"之"令"字应为"今"字。

（7）第 28 页第 3、4 行："'其泽南隆八方所达益'后九字"应为"其'泽南隆八方所达益''后'九字"。

（8）第 31 页第 3、3 行："'泽南隆八方所达益后'九字"应为"'泽南隆八方所达益''后'九字"。

（9）第 39 页文末增补追记："有关杨淮表纪摩崖拓本考据的最新研究成果，见宋松、王欣《汉杨淮表纪拓本考》（《书法丛刊》2020 年第 4 期）。"

（10）第 57 页第 3 行："拓字划肥润"衍"拓"字。

（11）第 82 页第 14 行："以求遗文出之重渊"应为"以求遗文。出之重渊"。

（12）第 99 页第 5 行："最晚"之"最"字应为"较"字。

（13）第 105 页第 3 行："现不知所在"应改为"据《淮安金石录》（南京大学出版社 2008 年），现存淮安市博物馆"。

（14）第 106 页第 6、7 行句读有误："原石损，末笔下无石花"应为"原石损末笔，下无石花"。

（15）第 111 页文末增补追记："据罗振玉《贞松老人外集》卷二：'此石归灵岩山馆，后转徙归张叔未先生，蒋丈敬臣又得之张氏。'"

（16）第 112 页第 3 行："后不知所在"应改为"据《淮安金石录》（南京大学出版社 2008 年），现存淮安市博物馆"。

（17）第 117 页末二行句读有误："莫可详考，关中碑工所市者皆赝本也"应为"莫可详考。关中碑工所市者，皆赝本也"。

（18）第 118 页第 10 行："金鉴赏藏家"应为"金石鉴赏藏家"。

（19）第 125 页句读有误，第 4、5 行"'阴'字收笔足，据'尔'字末点尚在"，应为"'阴'字收笔足据，'尔'字末点尚在"；第 8、9 行"其下方行末有侧注，小字乃后人所题，姑照近拓补书之。不失原石面目云尔"，应为"其下方行末有侧注小字，乃后人所题，姑照近拓补书之，不失原石面目云尔"。

（20）第 134 页倒数第 3 行"其摄制时间应在 1905 年 7 月 21 日'千佛岩'落成不久"，此说有误。首先 7 月 21 日是阴历，阳历是 8 月 21 日，应酌改。其次据《罗振玉年谱》，此时罗已离京返沪，且当年没有再到北京，所以照片应是 1906 年所摄。

（21）第 136 页文末增补追记："陈麦青先生告知，罗振玉《贞松老人外集》卷四有诗《寿药雨七十》，其中'联袂春明留梦影（往曾与君及铁云、孝禹于春明合照小像，今尚存）'，将合影地点作了说明。春明，即指京城。"

（2022 年 4 月 7 日）

后记

本书小文为近两三年所写，几篇关于书画者多写于七八年前，皆曾发表于互联网。或许由阅读习惯使然，或许因观念依然保守，我对纸质书籍至今一直偏爱。感谢文物出版社慨允集为一册，作为《嘉树堂读书续记》刊行出版，以遂吾愿。

与三年前出版的《嘉树堂读书记》一样，金石碑帖仍然是我主要关注的对象，读碑仍然是生活的中心，多年下来，笔耕不断，兴趣不减。细心的读者不难发现，我已经把文物出版社的《嘉树堂读书记》系列，以及嘉树堂微信公众号"读书记"专栏，作为记录自己生活经历的文本来写，故早先几篇有关书画的文章及讲座整理稿也收将进来，希望能客观反映自己的历史足迹，立此存照，说明自己是如何一天天走到今天的。历史是有连贯性的，历史是最真实的，也是最令人回味的，那篇名为《静水深流：行走拍场的智慧》的讲座录音整理稿中，最后回答听众提问时，我特意讲到了碑帖收藏，或许并非巧合。

2020 年 9 月间，范景中先生寄赠其主编《美术史与观念史》两册，其中一册（总第 20 期，南京师范大学出版社 2017 年）载周小英先生《清初秀州碑帖家曹仲经》一文。初见此文，拜读后发现与本书中《曹仲经其人其事》一文主题及材料极类同。拙文虽非掠美，但似拾牙慧耳，特此说明，以存其真。

　　感谢复旦大学陈麦青先生、上海图书馆仲威先生、浙江省博物馆桑椹先生、复旦大学唐雪康博士，多年来，他们对我写作的帮助，始终如一，从未间断。尤其需要指出的是，自"新冠"疫情发生后，由于疫情防控的需要，我在上海图书馆查阅文献资料委实不方便了，多亏仲威先生的助力，不厌其烦，使我一次次如愿以偿，收获载归。

　　网友"为五斗米折腰"对《最早的墓志》一文中所录先贤之文句读，提出了中肯的改进意见，已接纳并正之，感谢。责任编辑陈博洋先生认真细致的工作，高效且专业，感谢。本书内容杂陈，破损支离，望大雅谅诸。至于错误难免，责任在我，请读书君子批评指正。

（2023 年春）